新知
文库

04

XINZHI

Alpha Beta:
How Our Alphabet Shaped
the Western World

Alpha Beta: How Our Alphabet Shaped the Western World

Copyright © John Man 2000

Map by Martin Collins

First published in paperback in 2001

by HEADLINE BOOK PUBLISHING

本书译稿由中国台北究竟出版社授权

改变
西方世界的
26个字母

［英］约翰·曼 著 江正文 译

生活·讀書·新知 三联书店

Simplified Chinese Copyright © 2016 by SDX Joint Publishing Company.
All Rights Reserved.
本作品中文简体版权由生活·读书·新知三联书店所有。
未经许可,不得翻印。

图书在版编目(CIP)数据

改变西方世界的26个字母/(英)曼著;江正文译.—2版.—北京:生活·读书·新知三联书店,2016.5
(新知文库)
ISBN 978-7-108-05659-7

Ⅰ.①改⋯ Ⅱ.①曼⋯ ②江⋯ Ⅲ.①字母-历史-世界
Ⅳ.① H02

中国版本图书馆 CIP 数据核字(2016)第 064060 号

特约编辑	张艳华
责任编辑	徐国强
装帧设计	陆智昌 康 健
责任印制	徐 方
出版发行	生活·讀書·新知 三联书店
	(北京市东城区美术馆东街22号 100010)
图 字	01-2005-5986
网 址	www.sdxjpc.com
经 销	新华书店
印 刷	北京隆昌伟业印刷有限公司
版 次	2007年9月北京第1版
	2016年5月北京第2版
	2016年5月北京第2次印刷
开 本	635毫米×965毫米 1/16 印张16
字 数	200千字
印 数	05,001-12,000册
定 价	30.00元

(印装查询:01064002715;邮购查询:01084010542)

新知文库

出版说明

在今天三联书店的前身——生活书店、读书出版社和新知书店的出版史上，介绍新知识和新观念的图书曾占有很大比重。熟悉三联的读者也都会记得，80年代后期，我们曾以"新知文库"的名义，出版过一批译介西方现代人文社会科学知识的图书。今年是生活·读书·新知三联书店恢复独立建制20周年，我们再次推出"新知文库"，正是为了接续这一传统。

近半个世纪以来，无论在自然科学方面，还是在人文社会科学方面，知识都在以前所未有的速度更新。涉及自然环境、社会文化等领域的新发现、新探索和新成果层出不穷，并以同样前所未有的深度和广度影响人类的社会和生活。了解这种知识成果的内容，思考其与我们生活的关系，固然是明了社会变迁趋势的必需,但更为重要的,乃是通过知识演进的背景和过程,领悟和体会隐藏其中的理性精神和科学规律。

"新知文库"拟选编一些介绍人文社会科学和自然科学新知识及其如何被发现和传播的图书,陆续出版。希望读者能在愉悦的阅读中获取新知,开阔视野,启迪思维,激发好奇心和想象力。

生活·读书·新知三联书店

2006 年 3 月

Contents

目 录

1　序：一个大好时机

1　前言：巨人与天才

1　第一章　图案的问题

15　第二章　音节可以承受的负担

43　第三章　旷野中的字母

63　第四章　寻找完美的字母

85　第五章　进入西奈

113　第六章　紫色之地

137　第七章　自私的字母

147　第八章　大跃进

181　第九章　为什么我们不写伊特鲁斯坎字母

205　第十章　发展的限制

221　附录一：字母族谱

223　附录二：几种主要字母及学界常用的对译

233　参考文献

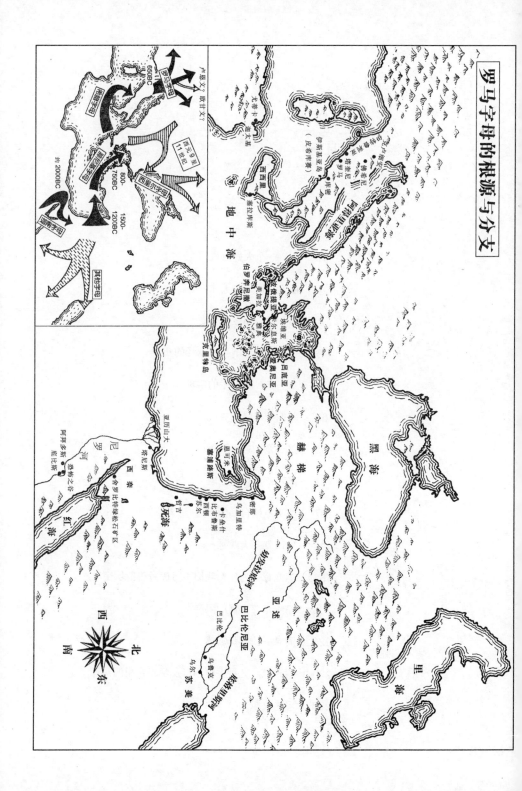

序：一个大好时机

本书探讨人类所创的一种伟大构想——字母，同时也探讨字母最常见的形式，也就是你现在正在阅读的字母系统。字母的构想有三大特色：独特、简易、弹性。其他的形式都是从四千年前最早的字母雏形汲取灵感；所有的字母形式都具有这种构想的简易特质。

但这种简易特质并不是完美设计带来的。字母这种构想的优点在于使用时的不完美特质。虽然字母无法在任何语言中达到完美境界，但是经过一番胡乱的拼合，字母可以适用于各种语言。就像我们这些脑容量大的物种一样——奔跑、飞翔、游泳等方面比不过别的物种，但是在思想上却无法被超越——字母也是个通才。以软件的术语来讲，字母的成功竟在于它的"含糊的特性"。不过字母的构想是从哪里来的？字母到底是凭借什么方式在什么地方流传，然后才发展成熟，变成今日世界上最常见的罗马字母系统？我们如何才能找到这些答案？

现在是探讨这些问题的大好时机，因为有关字母起源的各种证据仍然不断出现。有一点似乎是愈来愈明确——大约在公元前两千年，这个破天荒的创新概念在埃及出现。除非能够找到更多的证据，并且在分析之后被大家接受，否则这些发现仍然不能成为定论。不过有一点倒是可以确定，那就是由于考古学的迅速发展，惊人的证据仍然会持续出现。也许有一天，某个放置羊皮卷或是碑文的地方，将告诉我们到底是哪些天才——甚至也许只是某个天才——从埃及象形文字中，开采出第一批字母宝藏。

我着重探讨字母的概念和字母在不同文化中的传播，从埃及传到罗马，然后传到我们的手上。我觉得选择这样的主题似乎是必然的，因为如果探讨其他问题可能会没完没了。如果要讲述整个字母的历史可能得要整个图书馆才装得下，因为里面包含大量字母系统及字母所属文化的专门领域，也包含几个世纪以来识字能力对于阅读心理学及书写技巧所带来的影响，甚至还包括把字母变成咒语的僧侣的神秘世界。本书对于科技的进步及重大历史进程（如纸莎草纸的买卖、印刷术、帝国主义、网络）着墨较少，这些都是重大的历史事件，使得西方字母能传遍全世界，不过这些事件对于罗马字母的形成并没有太大影响。至于世界上各种字母［从阿巴萨语（Abaza）到祖鲁语（Zulu）］的构成原理——即人类所有话语都可以用二三十个无意义的符号来呈现——就更不受到这些历史事件的影响了。

前言：巨人与天才

小时候，我在黑斯廷斯（Hastings）一所旧式的小型寄宿学校就读。校长是个独眼巨人，身高六英尺二英寸，体重二百八十磅，一颗眼珠是玻璃做的。我不知道他原先的眼珠是怎么失去的。玻璃眼珠老是分泌出液体，很让人困窘，所以每次他破口大骂，眼看就要动到藤条的当儿，就会把手帕拿出来，把假惺惺的泪水擦掉。尽管我没亲眼看过，但传闻说他会把眼珠拿出来擦一擦，然后再放回去。

所以当我第一次听到《奥德赛》中的独眼怪物库克罗普斯（Cyclops）时，我完全能够体会到奥德修斯（Odysseus）对抗的是什么。我眼中的自己是这样：十一岁，身穿灰色法兰绒宽松运动短裤，打条黄黑横条纹领带，由于冻疮指关节全破皮了，我坐在老旧的木桌前，桌面向上倾斜，上面不知道是谁刻了名字的开头字母——CP。肯尼迪(Kennedy)编的《拉丁文初级读本》(Latin Primer)摆在我面前。书没打开,封面上的"Latin primer"早就被某个学童的潦草字迹改成"Eating Primer"《吃饭初级读本》。马歇尔老师(Mr. Marshall)生性洒脱,虽说是连着两堂拉丁文课,但由于是星期三下午,他宁可舍弃拉丁文,改上《奥德赛》。我们根本不是上希腊文——语言部分只是针对那些好学生——而是阅读里优(E.V.Rieu)的新译本。书中意象如电影般鲜活,把我带到……

……奥德修斯和手下受困的洞穴。他们被步履摇晃的库克罗普斯困在里面。从插画中可以看到,库克罗普斯的额头中央长着一颗独眼——不过我却把他看成是我们的校长——少了玻璃眼珠,身上穿的是毛皮,而不是褐色细条纹西装。库克罗普斯(意为"圆眼的")用来挡住洞口的岩石,就算二十二辆四轮马车也拖不动。他捉住两个希腊人,把他们的头掼到地上,当场脑浆就迸溅到岩石上,然后把他们的四肢逐一拆了,嘎吱作响地咀嚼掉,那狼吞虎咽的样子很像初获猎物的狮子。奥德修斯在一旁看着,惊骇不已。我稍稍能体会他的感受是怎样的。有一次我违反了纪律,因为熄灯后我还在讲话。我在校长书房外排队站着,耳朵听着招呼在朋友们身上的六大板。我知道什么叫做走向死亡的恐惧。现在荷马就在这里,他教我明白什么才叫做够狡猾、够勇敢、够强悍,能够从巨人手中把朋友救出来。奥德修斯先是把酒送给库克罗普斯喝,然后趁着他酒醉恍惚时,准备一根大棍子,跟二十个划船的桅杆一样粗。奥德修斯把棍子放在火里加热,然后伙同五个手下把棍子硬是塞进库克罗普斯的独眼里。"我从上面使劲把棍子转到底,就像拿钻头在船木上钻孔……几乎是相同的方式,我们把棍子的尖端弄得又红又烫,然后戳进他的眼睛里,直到血液在滚烫的棍子上蒸腾冒泡。熊熊燃烧的眼球冒出浓烈的烟,把周围的眼脸和眉毛都烤焦了，眼睛的底部在高温下发出细碎的爆裂声。我想到铁匠把大斧头或锛子插进冷水，接着发出响亮的咝咝声的情形——回火处理，增加金属硬度。那正是库克罗普斯绕着橄榄木棍咝咝作响的样子。"我环顾四周，和其他人互相使鬼脸，感到心潮澎湃，那是一种休戚与共的感觉。没错，我们都喜欢那种让人不寒而栗、报仇雪恨的细节。

从这些鲜活的读物，从马歇尔老师花在这些读物上的时间，从这些读物的影响中，我接收到一个清晰的讯息：这个故事——把那么久远的时间发生的事情直接地讲述出来——很重要。并不是我知道原因是什么，而是我不知不觉地受到老师引导，认识了一种文化的根源——我的文化即源于这种文化。劳伦斯（T.E.Lawrence）是古典学者，亦是阿拉伯民族的解放者之一，他在自己的翻译序言中称赞《奥德赛》："故事内容值得一读的最古老的书籍，也是欧洲第一本小说。"这首史诗正是起始点，随后又延续了三个世纪，直到创作能量迸发出来。这些创作能量使得公元前5世纪的雅典成为哲学、科学、文学的荟萃之地，孕育出大量的各种类型的创作，如涟漪般扩及数个世纪，横越几个大陆。

希腊文化的影响俯拾皆是：希腊人创立的学科领域，或是希腊单字构成的学科，如天文学、生物学，甚至连字母系统、木版印刷法、动物学等。每当欧洲文化[巴斯克人（Basques）可能除外]寻找这些学科用语的来源时，便会立刻回想到希腊人。大部分白种人——甚至是拉丁美洲人——美洲人、澳洲人以及其他散居各地的欧洲人后裔也是如此。所以，连伊斯兰教徒也与希腊文化稍有关联，因为当欧洲处在罗马帝国解体后的混乱时期时，伊斯兰学者把亚里士多德的著作翻成阿拉伯文。对阿富汗人和乌兹别克人而言，亚历山大大帝是鲜活的民间记忆。学习任何一种欧洲语言的人，或是研读任何一地欧洲历史［从赫布里底群岛（Hebrides）到兴都库什山脉的任何一个地方史］的人，最后总是会遇上希腊人。在语言的领域，希腊人还是和我们在一起，就像童年的口味，虽已被遗忘，但仍然真实。你很有可能使用希腊文衍生字的寻常名词、动词来写一本小说——无疑这就是一篇论文——因为全部的字根立刻形成一种专门用语，像是：Genetics and Character .The use of cybernetics in psychological analysis（遗传学与性格：神经机械学于精神分析领域中的应用）。现今新造的词语一边是字头，另一边是符号，希腊人用字的方式就是如此。

为什么会有这股希腊风潮？古希腊人的基因、社会、工艺、食物、气候（或者以上的任何组合）是否有什么特别之处，所以才创造出了这种理性的结晶？对此众说纷纭，但其中有一种看法使我特别好奇。根据这种看法，荷马和他的后继者所以能造成影响，是因为他们的话语被以某种形式记录下来，所以他们的思想能够轻易地代代相传。这种看法认为，如果没有这种固定书写形式的发明，希腊人不会有如此深远的影响。希腊人把这种发明的前两个符号"alpha"跟"beta"拿来为整个发明命名，也就是"alphabet"（字母）。

字母？到底字母指的是什么，的确有点难以理解，因为有那么多所谓的字母并不是以"a""b"开头的。古爱尔兰文字系统欧甘文（Ogham），是以"BLF"开头的；日耳曼中古书写体卢恩文（Runic），是以起首的六个字母来命名的，称为"futhark"（"th"为一个字母）；古埃塞俄比亚语（Ethiopic）也以"h-l"开头。某些早期的"字母"，把前两个字母细分为"abjads"与"abugids"。不过即使有各种变化，所有的字母系统都有同一个理想：以一组二三十个单独的符号来记录话语的声音，每个符号能对应一个口语的声音。其实，接下来我们会看到，这只是痴人说梦。不过这个理想仍然存在——期盼创造出完美的书写沟通形式。本书的灵感就是拜这个理想之赐。书中我将探讨我们使用的字母如何兴起，内容从埃及文字的起源直到今日你正在阅读的拉丁字母。本书的主题是把字母视为一个整体，对于书写、印刷字体的技术、个别字体的历史等浩瀚的主题，则未加探讨。

很多人坚信希腊字母是所有字母中最好的，因为（这些人主张）希腊字母是希腊精神蓬勃发展以及后来开花结果的主因。在20世纪70年代，英裔美国学者埃里克·哈夫洛克（Eric Havelock，耶鲁大学已故古希腊、罗马文学教授）大力鼓吹这个论点。他主张，字母这个神来之笔是一次大跃进，就像火和轮子的创造一样，确实使得西方世界的生活变得不一样。

他说，因此希腊人就能够把吟诵的作品变成文学作品。《奥德赛》和《伊利亚特》就像鸟类飞翔的照片般，成为遗留给后代子孙的最早重要作品（若是没有字母的话，这两个作品就佚失了）。哈夫洛克要表达的是荷马的作品能够流传下来的原因，并不仅仅只是因为荷马本身的才华或是希腊人的才华；真正的原因是因为某位抄写人（或是某一组抄写人）有办法以一种别的文化尚未运用自如的书写形式来呈现这些故事。运用这种最新发明，希腊人把他们的思想过程记录下来。于是他们自觉地琢磨思想，交流思想，改进思想，创造伦理学、哲学、科学的体系，发展新的诗歌形式，提倡历史与传记的书写。总之，因为有了字母，才使得古希腊人能够奠定文明论述的基石，欧洲以及衍生自欧洲的文化都使后人得到了解。

类似这种发明很少见：一种与科技无涉却影响深远的理性工具。也许书写本身可以和字母等量齐观；还有"阿拉伯"数字（其实最早是印度人）的发明，尤其是"零"，奠定现代数学的基础；也许只有一神教与演化论等伟大的概念才堪与之比拟。不过这类概念在被人们接受之前,以许多不同的形貌出现,且常常出现于不同的时空。书写可能被发明了四次:中国、美索不达米亚、埃及与中美洲("也许"是因为有人认为埃及人从美索不达米亚获得书写的概念,而不是形式)。十进位系统也同样分别出现四次:巴比伦、中国、印度与中美洲。一神教分别出现于新世界与旧世界〔容我举例佐证,稍加说明我所归纳的看法:1979年至1980年,我在东厄瓜多尔的丛林里和瓦欧雷尼部落(Waorani)住了一段时间;在欧洲人到达之前,他们早就信仰单一的神〕。在达尔文提出他的理论前,生命的演化就一直存在着。

　　不过,尽管字母有各种形式,它却是一个空前绝后的独特概念,在这些世纪以来传遍各个文化。还有许多其他类型的书写系统,不过都属于表意或音节系统。除了在公元前两千年左右,埃及有几位不知名的抄写人首度发明实验性质的字母形式之外,就没有一个单一文化或个人曾经独自产生这种构想。史上有数百个曾经运用字母系统的文化,它们无一例外——不是撷取早先系统的精华,就是继承改编某个已经确立的字母系统,要不然就是曾经听说字母这种概念,然后据此创造出自己的字母系统。我们就引用哈夫洛克的说法:字母是一种有效记载人类话语的独特方式,而且"一旦发明之后,字母就解决所有的问题,再也不需要重复发明"。

　　哈夫洛克的主张似乎和日常经验一致。我们的字母很简单也很有实用价值,所以我们把字母形状的东西给孩子玩,把字母的音编成歌曲让两岁大的孩子唱,好取悦骄傲的父母。接下来的结果对全世界很重要，直接受到影响的是我们这些字母的使用者，间接受影响的是非字母的使用者，因为他们仍然从翻译中受益。部分的影响我们现在可以看到：由于发展的速度惊人，所以我们的生物演化（大概是在十万年前）已经被文化演化的声势压倒，甚至整个势头都被抢走了。现在文化演化的进程，比以前快十倍、百倍、千倍，把我们推向未知的领域。

暂时不管地域差别，先看主要的指标就可以发现，文化发展随着各种重大发展而构成一条持续上升的曲线。首先，在人类从识字阶段提升到学术研究阶段的这四千年中，运用的是手边的工具：石头、木材、纸莎草纸、蜡、羊皮。以这些累赘的工具来传送讯息长达几个世纪，但是在几个能读写的社会中，知识阶级只占总人口的百分之一。8世纪时中国人发明了木版印刷，可以在纸上印刷，读写能力开始普及。11世纪中叶时，中国出现活字版，而欧洲则是在15世纪出现活字版（其影响更深远），因此读写能力的普及更是迅速。在这一千年之间，讯息的传递得花上几十年的时间。19世纪工业文明开始发展以后，几十年的时间就缩短成几年，然后航空工业的出现，整个时间缩短成几个星期。现在的文化演进已经变成电子化，讯息在几秒钟之内就可以流通全世界，所以不具读写能力就是落后的代名词。

如果我们要计算资讯以及识字能力的扩张程度，最简单的方式就是看看出版与书写资料的重量。在公元500年，欧洲每年制造书籍二十万册，而在中国，几个世纪以来，每年制造书籍八十万册：一百万本书大约用五百吨纸。在20世纪将结束时，全世界每年制造"一百亿"册——单单书籍方面，就是五千万吨的纸。现在加上报纸，在我写本书的时候有八千三百九十一家日报，而且还在持续增加；周刊及月刊有七万三千种。为了沟通，全世界每年总计制造一亿三千万吨的纸（每个人五十磅）。再过五百年，世界人口会成为现在的十三倍,识字人口会成为现在的一万倍。至于阅读的材料是现在的二十五万倍,几乎就是整个20世纪增加的数量。我们每个人所消耗的阅读材料,几乎是我们中古时期祖先的两万倍。全世界消耗的书写材料,超过百分之六十是以某一种字母形式写成的。

当然,若是讲到内容的话,大部分的废话就跟报纸一样,一天就销声匿迹了,其余的大多撑不过一年。不过,先进社会几乎在每个文化层面都是从这么一张纸(近来则以电子出版方式为之)而来的。在人类社会中,这是一个非常重大的改变,因此我们真的应该称呼自己是新的人类亚种:识字智人(homo sapiens literariensis)。

大约有八千万吨的纸上印着各种字母——要解释这种现象,势必要考虑这种现象之后的文化变迁因素(即书写)。因此,整个线索很快又回到希腊人身上,而且也回到哈夫洛克的论文中所持的一些观点。

以字母为主的识字风潮果真是希腊精神之钥匙吗?许多年来,哈夫洛克以一些不同的方式提出他那些重要看法。他的看法持续引来学院人士的强烈反应,首先,一些和他同时期的古典学者反对他的看法。哈夫洛克是个尖酸刻薄的约克郡左翼人士,他的成就横跨大西洋,到达常春藤大学的门户,偏偏有些人不喜欢别人告诉他们:若想真正了解希腊精神,关键就在那二十几个常见的简单符号。

后来,1985年哈夫洛克过世之后,支持其他古文化的看法就出现了。如果真的只有字母是有用的,那为什么中文的书写系统能持续如此之久?如此一来,我们就可以认为因为中文没有采取理应是比较高级的字母系统,中文就是比较"低级的"吗?我们单单只感谢希腊人奠定了西方的文化基础,却不用感谢一些更早的文化吗(如埃及人与亚述人,他们的文化存在的时间几乎是希腊文化的十倍长)?还有希伯来人,他们最早的圣典几乎比荷马的时间还要早。难道更早以前就没有伟大的都市、文化、思想家、哲学家、诗人吗?如果把希腊人视为智慧成就的模范,那么不就是贬抑了更早的文化吗?关于最后一点,哈夫洛克的确持有希腊至上的看法,因为当他谈到更古远的书写系统时,的确带着轻蔑之意。他拿荷马与"所谓的上古近东文学"做比较,结论是:"在此找不到人类经验中基本的复杂性。"

这种说法似乎有些严苛,因为古希腊文化并不是唯一的文化,也不是唯一的泉源。古希腊人并未"发明"字母。可以这么说,早在希腊人获识字母之前,它已经存活于空气中超过一千年了。要不是有一点好运道,他们的口语创作可能一丁点也无法保存下来。希腊人只是刚好定居在某个偶然发现字母的文化附近,刚好他们又处于社会演化的重要阶段,使得他们愿意采纳字母的形式。只有再往前回溯,我们才能知道字母来自何处。字母为什么会出现?为什么某些文化接纳字母,而某些文化却敬谢不敏?希腊人接受字母、改编字母、把字母传递给我们,在此过程中,他们所扮演的角色是什么?

第一章

图案的问题

15世纪，当一些哲学家开始思考尼罗河村落古代人类留下的谜团时，有一个想法开始成形：埃及坟墓上的图案是沟通的最纯粹的形式。这是一种奇怪的想法，因为没有人知道这些图案所代表的意义。但是这种想法的依据是古典作家在更早的几个世纪前的作品，因此这种想法也带点权威的味道。于是人们假定，在这些图案中，自然被以某种神秘的符号记录下来：自然用她纯粹的语调与高尚的灵魂沟通，毋需运用任何卑贱的事物（如书写的字体）。书写文字就像语言一样，若按圣经所言，表现出一种模糊不清的话语。这种模糊不清的混乱状态是上帝毁灭巴别塔（也称通天塔），给人类带来的。当然，也有些人宣称自己和自然如水乳般交融。16世纪的耶稣会古物研究家阿塔纳修斯·基歇尔（Athanasius Kircher）着手解读象形文字，他研究的是位于罗马的弥涅耳瓦广场的方尖碑，一小组连续的符号，记载的内容只是公元前6世纪的国王名字："King Apries"。下面的叙述是基歇尔非常自豪的解读："若要获得奥西里斯[1]的庇护，免遭泰否（Typho）的侵害，一定要依据适当的仪典，举行献祭，并且祈请三重界的守护神，这样才能确保尼罗河长久以来所赐予的繁荣不会受到敌人泰否的破坏。"

---

1 Osiris，埃及的阴府之神。——译注

这些都是胡说八道。象形文字不是"图案",它们是符号、音节、字母。现在的专家解读象形文字,几乎和解读他们自己的手迹一样容易。若以18世纪的神秘观念来看,这是一种魔力,而且已经消失了。

当然,这背后还是有一股神奇的力量存在的,这就是识字能力:人类竟然能够看懂某个物体表面的符号,而且听到它们诉说有形无形的现实,这真是不得了。不过如果自然必须经过书写才能够被理解的话,那么一种智能就得采取别的智能可以理解的形式,以定义、概述、摘要、记录的方式把自然呈现出来。为了达到上述目的,这两种智能得拥有相同的(或是部分相同的)假定基础。没有那些环节的话,图案——不管是洞穴画或计算机屏幕上的图像——永远无法在心灵之间传递意义。不会计算机的人,是无法了解屏幕顶端的象形图案是做什么用的。即使是最简单的图案,像是"剪下—贴上"符号,一种很少人曾用过的技巧;"按左键—拖行",没错;"撕开—钉上",也许吧;但是"剪下—贴上"不是最近才有的,我们小的时候都玩过剪贴游戏,计算机使用者都学会通用的超语言——计算机语言。随着文化联系的扩展,理解变得困难起来。对于一条裙子上所标示的"女厕"图案,穿男用短裙的苏格兰人和着裤装的英格兰人会有相同的理解吗?一个安全帽的图案表示"戴安全帽"(如果你没有的话,赶快找一顶),不过表示轮椅的图案却并不是表示"坐在轮椅上"(如果你没有的话,赶快找一台)。我们永远无法以图案来消除意义的不明确,因为人脑的构成使得我们无法如同处理语言般处理图案。从记忆的角度说,一般的大脑大约可储存两千个不同的图案,但这个数目和人类能记住的词相比实在算不了什么;就大部分的语言来说,很多识字的人都能够轻易记住五万个词。这是一个长久的梦想,一个神秘的信念:由于某种未知的原因,一个心灵可以透过纯粹图像来理解另一个心灵，不过世界上并没有超验的书写语言，而且也不可能有。以下有三则真实的故事，我们可以看出图案的局限性和字母的重要性。

在克里特岛北部海岸，从伊拉克利翁往南，道路通往葡萄园，进入山区，然后抵达阿斯基佛斯（Askyphos）隘口。前面隆起一片枯草地与盘根错节的林木，再往前是一片壮观的景色：整片的橄榄林、果园、麦田，一直延伸到远方的丘陵地。这里是迈萨拉平原（Mesara），一个近四千年的肥沃地区。青铜器时代的墓葬器物显示，有钱人（他们在世时经营油、谷类、酒、无花果的买卖）在埋葬时穿戴着戒指、项链、头冠等物品，一旁放着黑曜石、金、银、铜、锡、象牙。到了公元前1700年，以国王弥诺斯（Minos）命名的文化控制整个克里特岛。克诺撒斯、马里亚、扎克罗斯等宫殿控制这些平原与港口。再往上走，远处苍灰一片，地势向上，可以看见一个低缓的高原以及高原上的废墟。这里曾经矗立另一座弥诺斯宫殿——法伊斯托斯（Phaistos）。

法伊斯托斯（近期的音译为Festos）遗迹是举世最让人感到困惑棘手的发现。这个遗迹是意大利考古学家刘易斯·佩尼页（Louis Pernier）在一个世纪前挖掘出来的，克里特岛当时处于骚动状态，经过一番血腥的对抗才挣脱土耳其的统治，不论从政治还是学术上来说都是一个令人激动的时刻。其时考古学家设法从神话及残砾废墟中挖出证据，好为个人及国家争取主导权。在土耳其与希腊本土，海因瑞克·施里曼（Heinrich Schliemann）发现了特洛伊遗址及迈锡尼国王的宝藏，计划把这些发现和克里特岛上的成就做比较。由于希腊方面的破坏和土耳其方面的压迫，施里曼退出计划，把考古现场让给英国人阿瑟·埃文斯（Arthur Evans）。埃文斯在1900年年初开始挖掘克诺索斯，揭示了这个未知文化的雏形。他以最伟大的国王弥诺斯来命名，所以这个文化就称为"弥诺斯文化"（Minoan）。意大利考古学家也不落人后。佩尼页的上司费德里科·哈柏赫（Federico Halbherr）在迈萨拉平原上早已得到惊人的发现。哈柏赫指示佩尼页研究更远处的法伊斯托斯，那是个颇具潜力的地点，因为在荷马的史诗中，此处是特洛伊围城之前军队的集结地之一。

佩尼页和他的考古队驻扎在附近的修道院，1900年春天，他们在废墟上挖下第一道沟。在接下来几年中，一个拥有一百间房的大宫殿逐渐呈现出轮廓。其中一侧的遗迹显示，有石膏铺砌的道路，直抵八个小储藏室。1908年7月3日下午，考古队成员正在刮除第八储藏室中的泥土、灰尘、木炭、陶片时发现一个黏土烧制的盘状物。这个盘状物直径约十六厘米，每一面都有一个由两百四十一个小图案构成的螺线（如果把其中一个似乎被擦掉的痕迹也算进去的话，就是两百四十二个）。这是一种未知的书写形式。

弥诺斯官员在黏土上刻下符号，把账目长久保存于书写中。起初是简单的图画书写，也就是克里特岛象形文字。到了公元前1700年时，克里特岛人设计出第二种字母，我们现在称为"甲系线状文字"（Linear A），目前仍未译解出来。到了更晚期，弥诺斯灭亡以后，希腊殖民者开始使用第三种字母"乙系线状文字"（Linear B）。不过法伊斯托斯圆盘上所写的与这两种字体无关，不属于任何已知的字母。

从附近出土的陶器及储藏室的建筑风格可以看出，圆盘是在公元前1700年左右保存起来的。这个时间不一定准确，因为在同一个小贮藏室中也找到其他比较晚期的陶器。此外，圆盘有可能在挖掘时被移动过位置。佩尼页的考古队成员在早上发现圆盘，当佩尼页穿戴整齐出现在考古现场，准备验收当日的工作成果时，已是傍晚时分；这个圆盘极有可能是在稍后年代制造的。在发掘过程中，和较早期的陶器碎片混在一起。如果这个盘子是在公元前1700年左右制造，那么这个日期对于弥诺斯文化的研究就有些重大的意义。因为弥诺斯宫殿大约是在这个时期焚毁的，原因可能是地震。宫殿焚毁后，随后又遭人掠夺。弥诺斯人从这个大灾难中复原，在原址上重建宫殿。在法伊斯托斯，宫殿修复了，小贮藏室和里面那些谜样的东西却无人理会。小贮藏室就这么被人遗忘了，直到被佩尼页挖掘出来。

从那时起，学者及一般大众对这个圆盘（现存于伊拉克利翁博物馆）、圆盘复制品，以及圆盘的放大照片迷惑不已，想从其中找出蛛丝马迹。这个圆盘最让人惊讶的一点就是，那些卷曲的小符号并不是画在黏土上的，而是用制作精细的戳印仔细印上去的。由于这一点，这个圆盘成为已知最早的印刷物。显然，戳印并非一次性的，这些戳印有可能被拿来印在别的泥版上。这些戳印是以什么材质制成的？木头？不，这些图案的边缘太锐利了，即使有某个技术高超的木刻工能做出这样的字版，由于使用的关系，这些字版一定会很快磨损掉。很难想象会有木刻工重复制作一组又一组的字版。这些字版可能是金属材质，考虑到铜铁材质在细节上不够精细，因此这种戳印的最佳材质应该是黄金，在黏土铸模中浇铸完成。

继续研究下去可以再找到其他细节。从盘子的不规则外形来看，盘子是由手工而非铸模制造。在四十五个图案中，很多（有些人认为全部）都可以辨认出来——穿裙子的人正跨步到一半的图案、有着类似北美印第安人发型或头饰的人头图案、圆头棍棒、俘虏、小孩、乱发垂乳的妇女。这些图案分为几类，有的是词，有的是词组。从描画的痕迹可以看出，螺旋是从盘缘分段向内画。当螺旋画好时，符号就印上去。所以上面印的字体是反时针方向，从盘缘一直到盘心。有一面的印痕较轻，可能是因为另一面早先已经印好，为了不使先前印好的痕迹模糊掉，所以印得较轻。

如果这个盘子不是来自克里特岛，那么会是从哪来的？在公元前1500年左右，东地中海一带是个文化混杂区。希腊文化处在萌芽阶段，在他们后方的埃及人已经有超过一千年以上的发展。赫梯人控制土耳其中部；亚述人统治美索不达米亚；腓尼基人正从东地中海地区的根据地向外扩展。所有这些民族通过穿越喜马拉雅山山区的贸易，与印度河流域的文明产生联系，而且间接地与中国进行贸易。这些人看起来完全不像法伊斯托斯圆盘上的人物。所以，应该是有某个在东地中海地区的文化，发展到公元前2000年左右时认为，他们值得做出努力，设计这些符号来代表他们所说的语言。

这些符号可能是音节，因为当地其他的文化也都以音节为单位来进行书写。不过这些符号也可能是单一的字，就像中文一样，或者也可能是字与音节的结合。当时某一群富裕的人委托工匠制造黄金戳印，之后就使用戳印在黏土上印出内容——这个工作必然进行很多次，使用相同或类似的黏土铸模，时间也许多达好多个世代。一个烧制的圆盘很适合用来记录这种大小规格的符号。过去某个时期，在东地中海地区一定有成百成千个，甚或是数万个这种圆盘。

如果其他圆盘能在某个深埋的贮藏处留存下来，那么某天某个新发现就可以使所有的谜团真相大白。目前，我们有的只是各式各样的臆测而已。如果依照苏美人的泥版来判断的话，这个圆盘可能是物品清单，属于某艘货船所有。既然都只是臆测，种种异想的解释就随之而来。随意上网搜寻一下，我们可以发现，有人认为这个圆盘可能是神秘的经文（"可能是咒语"）、几何原理、历书、青铜器时代的计算机；有人深信圆盘记录山地住民寻找定居平地的探险过程；

还有人如救世主般信誓旦旦宣称，圆盘记录奥西里斯膜拜的教义及仪式，能力高超者可以"透过中介次元"与天体及"天体之外"的对象沟通。你想要证据？在这些符号中，你可以通过连接虚线得到金字塔和南船星座的轮廓，这说明这些符号是南船星座的"天体入口"。显然，这个圆盘教导人们如何运用"入口几何学"，如何拯救世界的灵魂。

实际情形则很糟糕，因为能从圆盘上收集到的资料并不多，所以圆盘就如同一片墨迹，人们想要它变成什么几乎就可以变成什么，获得更多信息的可能性非常低。要解译一个未知的语言，所需的符号必须比圆盘现有的更多，而且还要与某个已知的语言有一些关联。除非我们能解决双语对照的关键问题，否则圆盘上的语言、字母，以及数据内容，永远都会是一个谜。

1971年年底，两艘太空探测船准备进行一次星际旅行，这趟旅程会把它们送到太阳系之外。当美国国家航空暨太空总署把"先锋十号"展示给埃瑞克·伯吉斯（Eric Burgess）与理查德·霍格兰（Richard Hoagland）两位科学作家时，他们有了一个想法："我们不到一秒钟就决定，每天下午，不论以何种方式，先锋号应该向无穷的宇宙发送一则文字构成的'人类讯息'。"他们把这个构想告诉了卡尔·萨根（Carl Sagan）。萨根和他的妻子琳达·萨尔兹曼（Linda Salzmann）将用几天的时间来设计适合的装置。

也许，外星人的感旋旋光性不够强，无法显现在光谱上。但是，正如同我们发现如何使用X光及红外线一样，那些能够带回太空探测船，并且研究其中的铭板的外星人应当非常先进。他们可能很想知道这个奇怪物品来自何处。有没有可能以一种不必运用到语言、字体、人类文化，而只是运用到人类的智能的很纯粹的方式，来传递这种讯息？有没有办法让一种智能与另一种智能以书写的形式沟通？萨根表示，如果能找出一种契合宇宙结构的语言，然后在铭板上刻出这则讯息，这种沟通是可以实现的。他表示，对于任何一个能够发现先锋号的先进文化，这个铭板提供了一个联系的环节（相同的铭板也安装在"先锋十一号"上，预计也会离开我们的太阳系）。

这块铭板使用宇宙最常见的氢元素来提供两种讯息。它的波长（二十一厘米）提供单位距，频率（一千四百二十兆赫，或者每秒一千四百二十百万周波）提供单位时间。仅仅使用二进制代码中这两个开关的符号，这两个讯息就可以拼出任何数字。萨根决定标出太空探测船的出处。由于在宇宙中无数的星球之外，无法标明我们的太阳的位置，所以萨根运用一种星体的特别现象，即脉冲星。这是超高密度的星体，旋转速度非常惊人，平均大约每秒两次（已知最快的脉冲星每秒旋转六百二十五次）。每一次旋转，脉冲星就会发射出强力的无线电脉冲。每一个脉冲星都是独一无二的，各自有其旋转的时间，其精确度可达十亿分之一，大约是数千万年的差别。萨根选了十四个"本星系"的脉冲星，然后创造出一个"星爆"模式，把它们从银河系中心点看过去的方向和距离约略标示出来。萨根以二进制，标出它们在氢原子单位中的频率。理论上，具有先进科技的外星人应该知道氢原子及脉冲星，因此有办法确定探测船来自哪里。这块铭板的其他部分则描绘出我们的太阳系图案，其中的九大行星，在整个银河系的这一区之中，一定是非常独特的。有一条直线把先锋号和第三颗星球连接在一起。

萨根还放进两个形状怪异的图案，从我们的眼光来看是一男一女，两人都裸身。不管外星人和我们到底有多么不同，他们可能有办法从那些怪异的图案推论，这代表的是生物体——即使那些突出部位及小小悬垂的部位他们无法理解。一幅先锋号的图案则提供人体比例的大小。

不过这已经是我们的极限了。宇宙的知识以数学代码的方式呈现，是很了不起的。萨根的铭板就像计算机中的图案，可以使用宇宙的某种超语言来讲述。基歇尔要是还活着，他会认为已经洗刷自己的冤屈：你看，自然的确会讲话！自然的确"看起来"很像沟通的形式——我们永远都无法理解。先锋十号脱离太阳的重力范围得花上六万五千年，假设它的方向没错的话，再花上十万年才会经过最近的星球。先锋十号在解体或是被太空中的碎片磨损之前，能够被找到的机会微乎其微。实际上，一些好嘲讽的人指出，萨根的讯息想要沟通的智能就在我们这个地球上：那些给未来太空计划（像是寻找外星智能的计划，这类研究和萨根的想法接近）提供资金的国会议员以及一般大众（由于宣传的结果，大众会对政府施压，投入资金）。不管铭板对外星人有怎样的吸引力，对于那些拥有完美、纯粹的沟通梦想的人，铭板的确非常诱人。

铭板内容很复杂，但是除了那两个在形状与大小上都让人困惑的人体样本外，它没有包含任何人类的讯息，因为若要传达更多有关人类的讯息就要用到语言，而语言则无法跨越星际的鸿沟。

语言甚至也无法跨越文化的鸿沟。

20世纪80年代初期，美国能源部核能管理委员会正在设法解决核废料的问题。美国政府考虑采用一些短期解决方法，其中一种方法是把核废料掩埋在遥远沙漠地区数百米深的地底，但是这些废料在一万年之内仍具有辐射。委员会成员想把所有意外状况都考虑进去。但世界到了那个时候会是什么样子谁能说得准？也许那已经是一个具有科技魔法的时代，已经懂得如何去除铀辐射。反过来说，也许正好相反，在一千年之间，文化就会殒落，语言消失，蛮族兴起，更别说一万年；也许在无节制的工业发展中，世界就在毒害自己。于是委员会成员假设了最坏的情况：全球变暖、海水上升、生态改变，以及常见的非人为世界灾难。

不妨想象那些幸存者重新开始，而世界有了极大的变化，草原变成沙漠，以前的沙漠开始有生物繁衍，摩天大楼只剩下残骸。我们的后裔凝望着废墟般的城市，仿佛居尔特人（Celts）在伦敦坍塌的石块中凝望，看不到任何东西，只有鬼魂。他们定居在以前属于亚利桑那州和新墨西哥州的内缘地带，到那时都是美好的森林。有几个地区似乎特别引人注目：没有树木的草地看起来特别适合家畜生长，而且仿佛奇迹般，没有天敌，没有野生的草食动物，也没有巡游的掠食动物。当然，这里之所以没有树木和野生动物，是因为地底下的辐射渗透出来。

然而那里有一个特殊的物体使得这群人停步。那是个庞然大物，它就像电影《2001年太空漫游》（*2001: A Space Odyssey*）中的巨大物体。建筑这个物体是为了能历时久远，而它的确和金字塔一样仍留存着（这时候金字塔仍存在，从地中海广大无垠、四处漫溢的洪水中戳刺而出）。这个物体的上面有一组图案，图案呈现出一个已消失的文明中最坏及最好的部分。就在这些殖民者的脚下，远古的祖先试着把那种曾经是奇迹后来又成为诅咒的燃料密封起来。这些祖先深谋远虑，设法发出一个永久的警语。这些图案明显表示：危险！不要接近！

目的就是如此。但政府官员遇到了这样的问题：到底要用什么方式来呈现"不要接近!"才能够让任何文化都能够理解,甚至是一个对自己的过去及先前的语言都不了解的文化?

有关方面都积极寻找解决方案,包括人类沟通任务协会、专职核子废料隔离的某部门、旧金山的贝谢特尔公司（Bechtel Corporation），最后整个大任落到了一组专家身上,其中一位成员是托马斯·西贝奥克（Thomas A. Sebeok）,他任教于布卢明顿的印第安纳大学,是语言学及记号语言学荣誉教授。从他最后的报告标题可以得知他的简报内容:《横跨十个千禧年的沟通方法》（*Communication Measures to Bridge Ten Millennia*）。对于那些着迷于非语言沟通概念的人而言,该报告已经成了他们心中崇拜的对象了。

在该报告中,西贝奥克分析整个任务:设计一种能够确保接收与理解的信息、代号以及沟通渠道。

这项任务的每一个部分都有问题。沟通渠道不可靠,因为每个渠道都不可违背热力学第二定律,任何物质最后都会消失。历经时空变化,所有的讯息都会衰退。尽管光盘比耳语或烟雾信号更持久,但是从地质学的时间概念来看,光盘也会消失无踪。若要使沟通渠道保持畅通不受干扰,就得不断输入能量——例如贮藏光盘的柜子及清洁装置的使用——这样才能使沟通渠道畅通,不受各种"杂音"干扰。

再有就是讯息码,也就是讯息的表达形式。使用文字是绝不可能的,因为所有语言的连结可能都已经消失了。光盘有可能将足够的讯息编码储存起来（虽然西贝奥克提建议时,计算机用的光盘还未出现）,但是谁敢保证届时仍有电力供应,更不用说是否有计算机存在,而且还得是兼容的计算机呢?没有一种表意文字可以行得通,因为表意文字承袭的背景已经消失。一个将手高举表示禁止意义的人像可能被视为欢迎的姿势。美国的"OK"手势——拇指和食指做圆圈状——在别的地区表示"钱"(在日本),或表示"零"(在法国),或表示淫秽的含义(在古希腊)。

第三,讯息的接收。任何一种讯息的交换意味着发讯息者和收讯息者彼此能够理解对方。在正常的讯息交换中,发讯息者运用各种技巧来确保理解:手势、重复、类义词语、强调。最后,发讯息者通常有回馈作为保证,像是握手、"嗯"或"哦"的声音、颔首、眼神、致谢的小纸条、"听到了"等等。萨根可能不会得到任何响应,但至少他可以假定有某种共通的沟通方式。而西贝奥克则不敢做这样奢侈的假定。

西贝奥克不得不承认失败,因为没有一种很简单的方式能够横跨时间的鸿沟,把一个讯息送到遥远的未来。唯一一种可能的方式就是在此鸿沟上建立一个文化桥梁,以确保人类共同知识的存在。他建议,美国应该设立一个委员会,来维护及传递这句警语。起初,这句警语应该依据实证的科学。不过在社会崩溃的情况下,这句警语就会改变。这个委员会会成为"原子能教士团",团中成员就是某个传统的守护者。这个传统将代代相传,在时间之中逐步变成原始的禁忌,同时也变成一道训谕,能够将这种禁忌更新成某种适当的形式。

当然,从来没有这种"教士团"的存在,除非是核废料处理的问题没有办法解决。不管怎样,西贝奥克知道他的建议是不切实际的。诚如他在结论中表示,即使这句警语能够幸存而且后人能够理解,依然"没有办法保证后代会遵循过去的训谕"。"教士团"似乎只不过是一群先知杰里迈亚(Jeremiah),不停地唠叨着世界末日将近。谁会听呢?因此,普世通用的字母也是不可能的。

第二章

音节可以承受的负担

然而在书写系统的演进中，图画就像童年阶段，是无法直接略过的。这绝非只是一种从蒙昧到完全启蒙的简单发展过程，书写的故事就像是人猿进化成人类的图表，左边是图案，右边是字母。首先，字母并不完全代表人类的智力成就；再者，字母的概念是一点一滴出现的，它们从边缘位置慢慢地跻身进入历史舞台。因此，三个主要的"前"字母系统，值得我们一探究竟，我们可以看看它们各自为自己的文化做了些什么，而又是什么原因使它们不足以发展成字母。

如果问起：早先的系统年代到底有多久远？这样的问题，不啻卷进一场没有必要的争论中。这个问题关系到书写的定义。有些人主张，这个发展的链条可以回溯到一万年前的泥土"标志"，上面刻的符号是用来提示记账人员的。还有些人把这条链条延伸到三万年前的石器时代壁画和有刻画痕迹的骨头。不过大多数人都同意，公元前4000年，美索不达米亚地区发生了一件具有特别意义的事情。在这个地方，底格里斯河和幼发拉底河两条大河灌溉了"两河之间"（美索不达米亚的意思即为两条河流之间）肥沃的平原。四个渐趋复杂的城市社会——苏美、亚述、巴比伦尼亚、埃兰——创造了数十个传奇城市和圣经中的著名城市，比如乌尔、乌鲁克、尼尼微以及巴比伦。人们在神殿与宫殿中贮存的农产品、进献的贡物、交换的礼物，都需要记录、登录清单及总账管理。

如果想了解为什么需求是发明之母，我们可以想象以下的情景：大约公元前 3300 年左右，在今日的巴格达东南方两千英里，位于幼发拉底河上的乌鲁克有位神殿人员，他非常忙碌，身边摆满了这星期的收入：一大堆作为存粮的麦子、给祭司当午餐的蔬果、六七个陶罐、几头献祭的羊。现在来了个牧羊人，他答应给祭司送来一头羊，好让祭司献祭伊娜娜（Inana）女神，祈求带来好天气。如果羊跑了，他会拿妻子做的长袍来代替——除非是他的妻子生病了，来不及做好长袍。无论如何，他一定要请祭司献祭，这样才会风调雨顺，羊才能活下来，他会在一两个星期之内再带一头羊过来。神殿人员讲了不祥的话，他问：既然没有羊，祭司要什么献祭呢？噢，大人，看看这些羊，神殿里有那么多羊，他可以随便挑一头，我会还的。

以上这些内容要怎么记下来？答案就在手边。一桶来自河边的湿黏土，就像建筑工做砖块用的土。这个神殿人员的做法和美索不达米亚地区几十个城市中的神殿人员一样，他抓起一把黏土，甩平，然后拿起一根芦秆在土上压一个记号及羊的简单图样。他对不安的牧羊人说，这是你的记号，这是你的羊。牧羊人点头称是。经过阳光下曝晒，泥版就能长久保存，成为不可改变的记录。祭司说，两个星期后把羊带过来，我就会把这个印着羊的泥版交给你，证明你完成了你许诺的事情。如果没有的话，我那个粗壮的助手就会去找你，你知道的，他不像我这么有耐心。

类似这样的事情可能很常见，因为现存的泥版有数千个。其中一些泥版的起始图案很清晰：牛头、麦穗、猪、驴子。百分之八十五的乌鲁克泥版记载着食物、家畜、纺织品。显然，泥版很适合祭司用来随手涂写，他们知道自己记录的是什么。但是泥版并不是完美的记账方法。羊代表收入、负债还是支出？是活羊还是死羊？这交易是什么时候达成共识的？什么时候履行？当财富与项目增加时，类似的问题就会更多，使得土地产权、灌溉权、边界、继承等项目都产生争议。这种图像或表意记录方法，甚至不及最简单的会计记账形式来得清晰明确。

所以，这些泥版可能只是另一条死胡同。然而美索不达米亚文化延续下来了，而且延续的时间足以让文化及书写形式进行缓慢的发展。经过五百年，这个系统变得更为复杂。首先，由于在泥版上刻画的线条粗糙，改用芦秆做立体的压印，线条变得较平滑——这种记号就是楔形文字［cuneiform，1677年牛津大学希伯来语与阿拉伯语教授托马斯·海德（Thomas Hyde）从拉丁语创造出来的］。这种记号与原始图案的几何抽象线条结合在一起。

第二，由于图案——严格的术语名称就是语标（logogram）——变得愈来愈抽象，书写的字体产生概念性的发展，它们开始代表音节。

若想了解这一点，就得接触无识字能力的文化。我曾有机会与厄瓜多尔的瓦欧雷尼部族短暂接触。他们是人类学者所知的凶残部族中，最具特色的一支，大约百分之四十的死亡是因为长矛报复所致，外人遇到他们很少能全身而退。可以理解的是，几个世纪以来他们一直是孤立的族群，直到20世纪50年代末，美国传教士才设法和他们接触，而这五个传教士都被长矛射死。由于这些人的殉难，激励了其中一名传教士的妻子与另一名传教士的妹妹，她们与一个逃出来的瓦欧雷尼族妇女合作，设法与瓦欧雷尼部族进行长期接触。由于她们是女人，较不具威胁性，此外，由于有瓦欧雷尼族妇女的陪伴，得以接近这个部族。她们首先从语言入手，发现他们的语言未曾受过另一种语言的影响。研究工作持续了许多年。我到那里的时候，几个传教士兼语言学家已经可以很流利地讲当地语言，并和大部分的族人和平相处。这个故事的重点是，在分析这种语言的过程中，语言学家完全无法从瓦欧雷尼族人那里获得协助。他们与其他语言没有接触，他们绝对没有任何理由自己进行复杂的语言分析。他们也不懂自己的文法，就跟任何一个没学过这种语言的人一样。在他们的语言中，没有所谓"词"（word）这种字眼，更别说音节这种更小的单位。

　　语言分析的历史很久，不过也很零散。最早的分析可追溯至苏美人。接下来是一千年后的帕尼尼（Panini）所写的梵语文法，最早的成书时间是公元前5世纪。西方的语言分析则追溯至希腊文法学家狄奥尼修斯·特拉克斯（Dionysius Thrax）的著作，成书于公元前1世纪。语言经过了几万年的讲述，几千年的书写，人类才做到了现在一个两岁孩子都能做的事。如果语言是天生的（目前似乎愈来愈倾向这种说法），那么以下这点就没什么好惊讶的——我们发出的声音就跟荷尔蒙一样，难以分析。我们所看到的一切都只是它的效果。

　　语言具有很多要素，这使它得以对意义进行创造和再创造。首先可列入分析的是词。我们编排词序，以便表示谁对谁做了什么：狗咬人，人咬狗。词序包含一些最基本的文法，儿童毫不费力就可以习得。我们举一条文法规则为例——句子绝对不可以以介系词结束——然后看看一个六岁大的孩子在睡前是怎么抱怨的：What did you bring that book I don't want to be read out of from up for?（为什么你从上面拿了那本我不想听的书？）真是一堆混杂的想法，全部都被开头的"what"和句尾的"for"围起来。不论是在真实的交谈中或开玩笑，我们把词串在一起以便制造新的概念（在这方面，德国人素有恶名，他们最在行）。有一次我接到公路税的催缴单，标题是这样："kraft-fahrzeugsteuerbescheidverfahren"（意思就是"动力—

旅行—机具—税金—信息—项目")。这个标题几乎足以和我们随意创造的词相媲美，像是"一个何腾托族首领的姑妈的刺客"(Hottentotten-potentaten-tanten-totenattentäter) 这个词（顺便提一下，这个单数名词其实并没有必要用连字号，我只是体贴地加进去而已。这个单数名词不仅包含一串词，而且包含许多较小的意义单位，就像各种意义不明的 -en's —— 以文法术语来讲，就是弱读的属格 —— 稍后我们再来讨论）。不过词本身很容易分解开来：在电影《窈窕淑女》中，伊莉萨·杜立德唱道"abso-blooming-lutely still"她小心地遵循规则，不敢唱成"absolute-blooming-ly still"。这种情形在所有的语言中都会发生。刘易斯·卡罗尔（Lewis Carroll）的诗《无意义的话》(Jabberwocky) 中，有一句是"and stood awhile in thought"（站着想了一会儿），大致上可以译成德文的"er fing zu denken an"［he set to think out（他开始彻底思考）］；不过由于押韵的关系，会产生很有趣的意义扭曲：er an-zu-denken-fing［he out-to-think-set（他出—到—想—开始）］。

即使大概看一下也能够知道，词并非语言中最基本的元素。如果我们继续寻找语言中最基本的单位，就会找到下一个更小的单位：音节。在一般的口语中，这个单位大约是你能运用的最小单位。你以一个音节的词来说明事物。麦克白如同运用隐喻般地把记载的时间分成音节，诗中音节含有韵脚及重音。次文化的成员，像儿童、窃贼、士兵等等，常常运用音节创造秘密的语言。有一种很好的例子就是倒序隐语（back slang），其中的音节被颠倒过来，然后加入"-ay"，使它得以发音容易。"Ackbay langsay"[1]是相当容易学习的，不懂的人却觉得非常难解：我的岳母蕾尔·魏尔登贝克（Lael Wertenbaker）

---

1 即"back slang"的倒序隐语。——译注

是《时代杂志》记者，当她于1940年被派驻柏林时，就使用倒序隐语以避免电话遭到纳粹窃听。从常识判断，音节是语言的最小单位（事实却并非如此，稍后我们会看到）。

因此，音节是改进苏美文字的很好的起始点。起初，一个图案仅仅表现事物的名称，而名称会跟随着不同语言而改变，像"2"可以读成"two"、"deux"或"zwei"。在某个时刻，某位不知名的天才似乎体会到，一个代表某物的符号既可以代表该物，也可以代表该物的声音（即该物的名称），这两者是可以分开的。一旦这个符号被用来代表声音，那么只要这个声音一出现，就可以用这个符号来代表：

2morrow and 2morrow and 2morrow...

这是一种视觉双关语，叫做字画谜（rebus,[1]这个字是17世纪的拉丁语"non verbis sed rebus"的简称），指的是意义呈现在"物之中，而非词语之中"，例如："my voice is 🐴。"[2]突然间，符号不再只是用来记录事物，而是记录"语言"。有些考古学家宣称已经找到这个概念初次出现的城镇：大约在公元前3000年的吉姆达特·奈斯尔（Jemdet Nasr）。1926年至1928年间发现的苏美泥版上，列了一份神殿物品清单，清单起始处有个芦秆图案。芦秆没有意义，不过芦秆的发音"gi"也表示"归还"或是"偿还"之意。某个聪明的会计人员只是借用芦秆的符号，变更情境，就出现了表示偿还的符号。相同的规则可以运用在词的局部。"Barley"（大麦）就是"she"——

---

[1] 就是用某个词的声音的视觉形式来表示谜语。字画谜在形式上是视觉语义双关，所以常用于猜谜游戏。例如IOU即借据，英文是I owe you。——译注
[2] 马在此即为"horse"，发音与"hoarse"（沙哑）同。——译注

其中的"e"为短音，就像"shepherd"（牧羊人）这个字的 e——于是，所有以"she-"开头的字，都是以"大麦"的符号来开始。英国人就把这种方式运用在儿童的代码游戏中。一只蜜蜂（bee）代表"be"这个音节，然后再把这个图案和树叶（leaf）的图案放在一起；瞧：这就构成了"belief"（信仰）这个字。

句子可以根据相同的规则组成。以下是个英语的例子，先想象六个小图案：

2 🐝 🗝 🪢 2 🐝

简单，特别是如果你对英国文学略有涉猎的话。[1]不过我们可以继续试着把"that is the question"（这是一个问题）表现出来。没有一个常见的图案可以表现出"that"的声音，因为没有单音节的名词是以有声的"th"音开头的。如果你想继续这个游戏，你就得即兴创作。例如，你可能得设计一个专属于文学方面的猜字谜游戏，使用某个符号来代替"vat"，而别的符号（即所谓的限定符号）来代替"soundslike"以及"rhymes with"。

楔形文字很适合用来记录苏美语，因为楔形文字的组成是一组音节和四个元音，再以前缀和字尾做修饰。楔形文字的原始图像很快就消失不见了。但是音节文字会造成很大的意义不明确。像所有书写的语言一样，苏美楔形文字具有词与音节，把拼法、意义、声音全部混在一起。有些词拼法不同，但是声音相同（类似英语的 sun／son）；有些拼法相同，但意义不同（例如，鸟喙叫做"bill"，人名比尔叫做"Bill"，付账的账单也叫"bill"）；或者发音相同，但是拼法与意义

---

[1] 这六个图案读起来即成为莎翁名句："To be or not to be"——生存还是死亡。——译注

不同（像是"building"和"ability"中的 bill 的声音）。加上限定符号就能产生精准的意义，能够具体指出词背后的概念是什么：如果是"英语楔形文字"，那么就可以先用"bill"这个符号，后面再加上一个鸟的符号、人名符号，或是货币符号；或者以一个 ⟋ ，也可以表示"ore"（矿）还是"or"，只要后面再加上限定符号就可以指出到底是"船舶的配件"、"金属"还是"选择"。苏美的书写用于英语时会变得非常复杂，同一个符号也许可以作为表意符号、音节或限定符号。

这是一个完整的书写系统，但由于技术的原因，在经历了几个世纪后，仍然没有很大的发展。用这种书写系统记载年终账目，可能到处都得摆上一英尺高的泥版。泥版大多只有手掌大小，除了记载最重要的内容外，并没有什么空间可以记载其他内容。我们可以设想，那时候整个世界都没有被记录下来——在帝王的宫廷里，吟游诗人吟咏古代的英雄；在神殿中，祭司背诵祈祷文与圣典——没有人想到要制造更大的泥版将这些内容记下来，诗歌是以口语相传的，因为书写的目的除了记载经济事项之外，是为了展现自己对于这种复杂文字的熟练度。直到大约公元前 2050 年，苏美语开始消失的时候，乌尔的苏尔吉国王（King Shulgi）才下令把古老的口述文学记录下来。当时用来记录的泥版可能未留存下来，也可能尚未发掘出来。

用书写的楔形文字来记录苏美语是相当困难的，而且情况越来越糟。另一个民族阿卡得人（Akkadian）大约在公元前 2500 年向南方发展，到了公元前 2300 年时，整个帝国之内都已经使用阿卡得语，此时苏美语则逐渐受到人们鄙夷（因此苏尔吉国王才下定决心记录苏美语）。在公元前 2000 年左右，苏美语消失。但阿卡得人采纳了楔形文字，这么一来事情变得更加复杂。阿卡得人的语言属于闪语［闪语还包括希伯来语、阿拉伯语、阿拉姆语（Aramaic），以及其他多种语言〕，跟苏美语没有任何关系（苏美语的由来以及和它同语族的语言，至今不详）。大部分苏美语符号的意义仍保持原样，不过变成阿卡得语的读法，这就好像德国人读：

2🐝 🥄 🪢 2🐝

就成了"Sein oder nicht sein"。这两句话没有任何关系，只有能使用这两种语言的人，才会发觉其中的关联。不过在其他例子中（在阿卡得语的单词中），相同的符号可能仍然保留原本的苏美语发音。我们继续以德英音译为例，蜜蜂加船桨的符号现在会变成德语 beordnen（下令或是召唤）的前两个音节。

几个世纪过去，社会与文学方面均持续发展，阿卡得语成为美索不达米亚世界的通用语，邻近的文化亦加以采用和修正。由于拥有单一的书写系统，因此两个没有关系的语言同时留存下来。阿卡得语成为官方语言，苏美语则是古文学语言，抄写人必须熟悉这两种语言。这是非常困难的，单单学会写就得花上好几年。这么多世纪以来，有一段有关抄写训练的文字一再被传抄下来，让我们知道书写真的非常困难。传抄的内容是一个住在苏鲁佩克（Shurrupak）的学童的抱怨，时间大约是在公元前 2000 年。他的父亲很有钱，聘请家庭教师来教导他，让他有时间读书。这个男孩算是知识精英的一分子，和所有的抄写人一样，是一般学童的典型。

整整十年，每天他都得从早到晚坐在"刻写房"里的泥砖长凳上，和好朋友一起学习楔形文字。虽然才五岁大，他必须练习使用描画笔，压印出水平、垂直以及倾斜的楔形图案，长度分为两种。然后他开始学习一组九百个符号，其中有些符号代表的意思超过一个音节，每个符号以苏美语和以阿卡得语发音时都不相同。然后他继续练习，把不同的音节串在一起，构成词。词的数量有数千个，分属不同的范畴。这简直就像是学习一本字典。跟所有的学童一样，他也会不听管教，而老师则用传统的方式让他集中精神。其中有段叙述是这样：

看门人说："你为什么没有得到允许就出去？"然后就打我。管水的人说："你为什么没有得到允许就拿水？"然后就打我。管苏美语的人说："你说阿卡得语！"然后就打我。我的老师说："你的笔法乱七八糟！"然后就打我……我的老师看了我的泥版，说："里面少了字！"然后就打我。管整洁的人说："你在街上游荡、服装不整！"然后就打我。管安静的人说："你为什么没有得到允许就讲话？"然后就打我……我开始痛恨抄写术。我的老师不喜欢我。

其实，并没有那么糟。这个男孩请他父亲邀请校长到家里来，这些练习就结束了。也许这算是对老师打的如意算盘，因为校长收到了许多食物、衣服、金钱。做为回报，校长祝福了这个任性的学生："因为你尊敬我，愿你的尖笔替你写出好字，愿你的练习完美无瑕，愿你成为学校的荣誉毕业生。"但是我们并不知道这个学童是否出于兴趣再写了些什么，也不知道后来他是否喜欢他的工作。

大约在三千年的时间中，书写的复杂程度进一步加深。从阿卡得语中先后发展出两种方言，一种是巴比伦语，另一种是亚述语。抄写人喜欢炫耀自己的才学，将同一个词以不同的方式书写，或是把图书馆、垃圾堆或私人收藏中找到的一两千年前的书写形式抄录下来。公元前6世纪时，纳波尼度（Nabonidus）国王命令抄写人把公元前2300年的阿卡得国王萨尔贡（Sargon）的泥版抄写下来。

对于习惯使用字母的人而言，楔形文字似乎是令人厌恶的繁复系统，因此他们疾呼改革，但这样的呼吁似乎没有用，许多中东文化仍然采用楔形文字。我们想象一下苏美老师会怎么讲：当然楔形文字难！不过只要是值得的事情就得花心力！如果你想要受教育，想要成功，那么生命就是这么回事。

在将近三千年的时间里，许多文化相继使用楔形文字，这么做不仅仅是为了实用的目的，同时也是为了记录他们最伟大的文化成就。阿卡得国王任命抄写人把描述英勇祖先的诗歌抄录下来，其中最有名的史诗记载了英雄吉尔伽美什（Gilgamesh）的事迹，他想从不朽的乌塔·那皮希提（Uta-napishiti）那里得到永生的秘密。乌塔·那皮希提告诉吉尔伽美什，他曾经建造一艘船，躲过了一场大洪水。收集泥版最得力的国王当属亚述王国的最后一位国王亚述巴尼拔（Ashurbanipal），他努力收集新旧泥版，包括几种不同版本的吉尔伽美什史诗。公元前612年，尼尼微被入侵者焚毁，这些史诗的泥版就深埋于皇家图书馆的废墟下。

这些泥版一直埋在那里，直到19世纪50年代，一个英国考古队才把它们挖掘出来，挖出的宝藏令举世震惊：一个发轫于希腊文明之前，却一直不为人知的文明。不过这些发现，以及现在收藏于大英博物馆中的数万个惊人的馆藏，需要花上许多年才能对它们的价值做出评估。在1872年，年轻的楔形文字专家乔治·史密斯（George Smith）解读了这批泥版，所发现的内容让他癫狂："这些东西湮没了两千年，我是第一个解读出来的人！"他低声说道，然后的景象，正如沃利斯·巴奇（E.A.Wallis Budge）在楔形文字研究史中所描述的那样，史密斯放下泥版，"开始很兴奋地在房里冲来冲去，而且让在场的人都感到惊讶的是，他开始脱衣服。"

《吉尔伽美什史诗》使维多利亚时代的人感到震惊，一部分原因是它带给圣经新的观点，再有是因为它名列世界伟大史诗之列。它的诗行不仅证明了阿卡得人的文学天赋——尽管在这种大半以口传形式留存下来的文学中，《史诗》只占了很少的分量——而且也证实楔形文字有办法以书写方式来记录诗歌语言。

我在青少年时期读过企鹅出版社的初版《吉尔伽美什史诗》，当时在书中的发现，算是一种小小的领悟。我强迫朋友看，像个不速之客般，因此可能失去不少友谊。当我看到，乌塔·那皮希提（就是阿卡得人的诺亚）在方舟里，知道引来洪水的暴风雨已经减缓这个片断时，几乎讲不出话来。

> 海洋开始平静，先前扭动一如分娩的女人，
> 暴风雨平息，洪水消退。
> 我观察天候，安稳寂静，
> 但全部的人都变成泥土。
> 洪水过处，旷野平坦，一如屋顶。
> 我开了个缝隙，阳光落在我的脸颊上。
> 我坐下，跪倒，哭泣，
> 泪水流下我的脸颊。

我喜欢这个意象：全部的人都变成泥土。顺便提一下，本句引自安德鲁·乔治（Andrew George）的新译本。乔治是伦敦的东方与非洲语言学院的亚述学资深讲师。不过事实上，我仍然非常怀念我第一次阅读的版本中的诗行："全部的人类都变成泥土"，不过乔治告诉我，那样的翻法未免太过随性。

除了我欣赏的这些意象与感伤情绪，还有很多值得一提。你难道不会对乌塔·那皮希提产生好感吗？特别是当你把他和诺亚做比较

时。诺亚在整个事件结束时,显得有点自鸣得意,当他确定他的同类由于德行败坏,应该受惩罚变成泥土时,他为自己的神及自己的德行感到骄傲。乌塔·那皮希提知道自己是受害者,因为洪水是女神引起的,她对其他神宣泄怒气。女神对自己做的事感到懊悔:"我怎么能对自己的子民宣战?是我赐给他们生命,他们是我的子民!而现在,他们就像水族,填塞整个海洋!"乌塔·那皮希提起初的反应很可能是这样:他可以大加谴责,或是卑躬屈膝,或是对自己能存活下来表示感恩。不过,他却为那些无辜的死者哀悼,因为整个宇宙只是那些如人类般堕落鄙琐的神祇的玩物。这些意象及情感非常真切,具有一种人道精神,似乎不因时间、文化、语言等因素而有所隔阂。

我希望现在你能稍稍看出端倪,非字母的文字并不一定会限制文学天赋或情感的反应。不管非字母系统与字母系统到底有多么不同,不要只是认定字母就是比较简洁、有效率的形式。一种文字的存活与否依赖以下几点:首先是该文化的本质,再有是书写的材质,最后是抄写者是否有决心保存书写内容,并且原封不动地传给下一代。

现在我们看一下古代近东的另一个伟大的书写系统——埃及象形文字。

19世纪初,埃及的书写已经是一个历时两千年的谜团了。在公元前1世纪,希腊史学家狄奥多罗斯·西库鲁斯(Diodorus Siculus)造访埃及。尽管受到希腊罗马文化极大的压制,这种书写系统当时仍在使用。他轻蔑地说,当地居民称他们的象形文字为"神圣的书写",不过这并不是真的书写,因为这种系统只使用图案。四百年后,这种象形书写和它的宗教一样灭亡了。这个消失的文化留给世界的只有一些谜一般的证据。由于圣经的地位日益崇高,所以埃及在智慧成就上的声望开始衰退。象形文字不被看作文字的元素,而是被看作异教信仰中难以理解的神秘符号。充其量,象形文字只是支持了一种浪漫的想法——在巴别塔之前的年代里,语言是统一的,单一语言象征纯粹的思想,一种沟通的完美模式。所以学者研究象形文字时,都专注于解构这些符号,视它们为思想的符号。在18世纪晚期,整个欧洲的观念都受制于这种神秘埃及的看法。1791年,莫扎特的《魔笛》就反映了这种看法;拿破仑在1798年开始埃及远征计划,他把蜜蜂作为他个人的标志,因为在象形文字中,蜜蜂可能被当成"统治者"的符号。

拿破仑的远征计划也成了象形文字研究的一个转折点,而且来得恰逢其时。当时已有一位丹麦学者指出,全部已知的符号(约1000个)仍不足以解译出整个语汇。在1799年7月,当战地工人扩大拉希德[el-Rashid,也称做罗塞塔(Rosetta)]的防御工事时,发现了一块七百六十二公斤重的石碑,上面刻有三种铭文,包括希腊文、象形文字和一种流畅的文字(后来认出是一种通俗的象形文字书写体)。这个发现随即被当成宝藏,因为这是同一种内容以双语言、三字体的书写形式呈现。几周之后,这个发现被送抵开罗,交给管理埃及协会的法国学者。英国打败法国之后,法国很不情愿地将罗塞塔石碑交给战胜国英国。英国将石碑带回伦敦,至今仍是大英博物馆中最重要的一件埃及典藏品。

解译的工作立刻展开,这也许算是史上最重要的解译工作,耗时二十年。参加的人员有几位东方学家,特别值得一提的是英国籍的托马斯·杨(Thomas Young),他是个非常博学的传奇天才,还是学生的时候,就已经有了"神童"的绰号。另一个也同样是青年才俊,即法国籍的商博良(Jean-Francois Champollion),他在十六岁时就发表第一次演讲，内容是埃及古物学。他们两人都抱持相同的看法，认为他们所破解的一系列的符号，是"表意符号"（ideograms），而不是用声音就可以念出来的字母。整个解译过程双方竞争激烈，为了抢先破译古埃及象形文字而互相叫骂争执，但有时也会勉强赞美对方一番。1822 年，商博良才三十三岁，就发表第一篇论文，公布了解决问题的部分方法，他认出了几个"表意符号"。商博良很有效率地解决了破译的其他问题，文章陆续在 1824 年及 1828 年发表。1832 年，他到埃及探察，回国之后就过世了，年仅四十一岁。

和楔形文字一样，象形文字也是根源于图案，约在公元前 3300 年设计出来的。这两个相近的文化竟然在大约同一时间发展出书写，似乎有点巧合。很多历史学家认为，这绝非纯粹的巧合，而且认为书写这个概念是从美索不达米亚传播到尼罗河的。也许埃及商人、使者或战士，把口信带回本国：那些人带口信的方式是在泥版上做记号。

不管到底如何发生的，埃及人是用字画谜的原理，把图案改编成"合适的"书写形式。不过和楔形文字不一样，象形文字起初是刻在岩石上或画在岩石上的，不会受到书写泥版的大小及书写工具的形状限制。埃及人有足够的空间，来实验书写的形状，于是这些书写变得更像是艺术形式，而不是记录。起伏的线条描画的是水，这个字在古埃及语中听起来像是"net"，后来就用来代表"n"这个音。猫头鹰（也许有点像"mu"。[1]）成了"m"，而一条面包"ta"，则成了"t"。稍后再谈这些字。对于我们西方字母的起源而言，很重要的是，埃及人把他们个别的字，和其他七百个用以代表物体、子音、辅音（强调

---

[1] mu 为希腊字母的第十二个。——译注

其他类似发音的符号)、限定符号等等的符号混合在一起。就像在楔形文字中一样,其中一百个左右的限定符号是用来避免意义上的混淆。所以符号 ▯ (书写材质) + ▯ (书卷限定符号) = 书写;而 ▯ (书写材质) + ▯ (坐姿的人限定符号) = 抄写人。很多限定符号具有几种相关意义,使用哪一个是由上下文决定,才会得到最后的意义。"nefret"这个词可以表示漂亮的女人、王冠或母牛,具体表示哪一个意义,根据最后的限定符号而定。有一个符号会增添吃、喝、说、想、感觉等意义。鸟的符号既表示"飞行之物",也表示"昆虫"。

以上种种方式合并起来就成为一种丰富的系统,加上大量的赘语、不同的语法形式,使这个系统可以承担任何数量的语义表达。从一开始,这些字就有两种版本:一种是主流的象形文字,主要刻在碑石上;另一种是"僧侣体"。这种字体经过省略,几乎成了原来的符号的抽象形式,写在纸莎草纸上作为商业及个人用途。后来,从公元前600年开始,抄写人使用"通俗体",一种更简略的字体,看起来就像现代的速记。有时候个别的字会以两个或三个子音符号来加强,或者用一个以上的限定符号来额外确认。以猫这个字为例。这个例子很令人着迷,因为古埃及文"猫"的发音是"miaow",或是很类似的发音。埃及人把猫写成 ▯▯▯▯,转译成英语相应的字母就是"mj-j-w-cat sign"。"mj"音节表示"milk-jug"(牛奶罐),刚好是"m"与"j"的开头纯属巧合;然后就是另一个"j",这是一个辅音符号,表示要加强第一个(隐藏的)"j";然后是"w"和"small feline"(小猫)的限定符号。的确,有这么多的符号能够让抄写人自由发挥。有时候抄写人会故意拼错、颠倒字词,或是用套印方式来做花押字。

这种系统丰富灵活,因此能够发展到全盛时期。符号增加,在古埃及的古典时期（约公元前 2000 年至公元前 1500 年间）有七百个，到了象形文字停用前的一两个世纪（约在公元 400 年停用），增加到了五千个左右。抄写人为了好玩，创造出各种变体，或者故意使意义混淆。在埃斯纳（Esna）神殿中有一首著名的赞歌，歌颂绵羊神赫努姆（Khnum），其中每个符号都是绵羊，而其意义均由限定符号决定。这种写法肯定被当成一种很聪慧或是诙谐的方式，来显示绵羊神赫努姆的无所不在。是某个社会精英玩弄的文字学术游戏——而就是这种东西造成了一种印象，使得外来者感觉埃及这整个系统非常奇特，非常神秘。

事实上，专家可以熟练地阅读象形文字，这一点和象形文字中穿插的字母无关。理查德·帕金森（Richard Parkinson）是大英博物馆埃及古物部门的助理保管人，他指出，准确地说并不是只有字母才很容易辨认："你一眼就可以看出某个词属于哪一个范畴。象形文字非常有效率，而且真的很易懂。"埃及抄写人应该会同意这一点。公元前 4 世纪时，也许是受到希腊字母的影响，瑙克拉提斯城（Naucratis）立了一块石碑，上面只使用子音符号。由于混杂各种拼字法，碑上的铭文比一般的象形文字难阅读。

尽管如此，阅读象形文字还是很不容易。有这么多的象形文字遗留下来，一个游客可能会认为象形文字充斥整个社会。事实远非如此，根据经验法则，埃及文物学者认为不到百分之一的人口具有阅读能力，而能很好书写的人则更少。对那部分少数人而言，书写是重要的事情。书写的成果是用来展示夸耀的，但是书写的技巧最好是谨慎地保护起来，因为他们就是统治者，而书写的能力赋予他们现在的身份。

下定决心书写！

这激励了克惕（Khety）这位抄写大师兼作家，帕金森这样翻译道：

> 仔细观察要怎么努力才会产生书写。
> 看，没有卓越的书写——
> 它们是不透水的船！……
> 我会让你爱上书写，胜过爱你的母亲。
> 我会把书写的美展现在你眼前。
> 现在，书写比其他行业还伟大。
> 在这土地上没有堪与比拟的。

书写是为祭司工作服务的：支撑这些仆人——为神服务的精英分子，也就是法老——的特权。把书写带给一般低下阶层，不符合他们的利益。

不过有些证据可看出，一种较平民化的文学（也许是一种口述传统）遗留下来。富有的埃及人喜欢以铭刻装饰坟墓，也就是亡者自传。亡者把自己的生命故事与路人分享，内容经过美化，强调亡者的德行。然而，有一个故事突破坟墓的限制，那就是朝臣西努希（Sinuhe）的故事。他是个中阶官员，负责服侍王后奈芙露（Nefru）。当时王后的夫婿，第十二王朝法老阿门涅姆哈特（Amenemhet）被刺身亡。西努希认为内战即将随之而起，由于想到自己可能成为受害者，感到一阵没由来的恐慌，因此逃到北方的巴勒斯坦，就是埃及人所称的雷提努（Retenu），他在那里发达了。但是无可言喻的恐惧，使他一直心神不宁。这种恐惧使他远离自己的神君——阿门涅姆哈特的继位者谢努斯莱特（Senusret）——来到埃及之外的地区生活，没有生命意义，没有身份。最后，他受召回国，罪行得以赦免。他以前那些怪异的想法和纷乱的情绪都不见了。他活到受人尊崇的耆老之年，进了一个体面的坟墓。

西努希想解释他仓皇逃离君主的原因，却又说不出来，这部分的文字最感人：

> 你卑微的仆人跑走了——
> 我并未计划。我心里没这种计划。
> 我没想过。我不知道什么东西把我和故乡分开。
> 就像梦一样……
> 我没有恐惧的理由；没有人追赶我。
> 我没听到任何责备；传令官没有唤着我的名。
> 只有——我四肢战栗，
> 我的双腿加速，
> 我的心打败了我，
> 安排这次逃亡的神把我拖走了！

帕金森所翻译的《西努希的故事》(*The Tale of Sinuhe*)，记录了埃及社会中某些重要的部分：死亡的恐惧、与法老或埃及分离时的痛苦（因为法老答应征服死亡）、回到法老与埃及的怀抱中是幸福的。

从这首史诗中我们再度看到，即使精英主义、传统、技术因素等等带来了限制，象形文字本身并不会限制人们的读写能力。

象形文字与楔形文字为字母发展提供了温床。在中文早期发展的历史中，部分时间与前二者重叠，却和字母没有直接关系，但中文的确能使我们明了，为什么字母会唤起对邻近文化的兴趣，为什么一个像中文如此高要求的文字系统，会比同时期在中东出现的另两种系统持续得更长久。

中国人到底是在何时以何种方式获得书写文字仍然众说纷纭，因此我们毋需在这些问题上费神。也许中国人从刻痕中发明出书写（正确地说，最早的中国书写是刻在龟甲及牲口肩胛骨上占卜的刻痕）；也许书写概念是从美索不达米亚传到中国的，然后被加以创新。无论如何，大约在公元前1400年，中国出现文字，现代中文就是由此而来。相同的原理支配这两者：商朝（大约从公元前17世纪到公元前1025年）的文字，大约有1500个还认得出来。这些字后来就用在铜器的铭刻，以及竹简、木头、丝绸上的书写。大约在公元200年开始写在纸上。木版印刷（大约是在公元600年发明）和活版印刷（比起古腾堡在欧洲独自发明的活版印刷还要早五百年）导致出版量剧增。根据约翰·德·弗朗西斯（John de Francis）的估计，在公元1900年以前，中国的印刷品数量超过全世界印刷品的总和。

中国文字记录了许多方言及语言。出乎一般人的预料之外，中国文字未带来统一的功能，就像拉丁语不过"统一"了法语与西班牙语。中文（指普通话）现在已经成为标准语言，但是广东人若是想说读中文的话，就不能用广东自己的文字和方言。除非你追溯中文里的每一次变化，否则地域性差异及历史变革使得中文的连贯性难以呈现。商朝代表"眼睛"与"嘴巴"的字很明显都是绘画文字，但现代的字并非如此。

现在，谈到构成的原理。很多人（甚至连中国人）都相信，中文是图案式的，或是表意的。如果我们考虑到图案只能够运用在简单的沟通上，那么中文就不是图案式的，至少在目前不是，可能从来就不是。传统的观点认为，汉字的基本原理有五：首先是古代的象形文字,再有是三种合并符号的方式(包括字画谜,就像"象"这个字代表"大象",但也可用来代表"形象"),以及最后能修饰意义的偏旁。如"马",但"马"也可代表"妈"这个字,只要加入代表女性的"女"偏旁来避免混淆,而第三个"马"则是代表斥责之意,即"骂",也就是两个"口"加上"马"(言外之意是指女性,也许有污蔑女性之嫌,但原始的意义已经消失许久)。

时间一久,偏旁增加,在商代时,占符号的百分之三十四,直到今日达百分之九十七。由于这种发展太不可思议,所以有些学者对于中文文字构成的原理,宁可采取别的看法,把这种原理归类成三个连续的阶段:一是古代象形文字(现在只剩百分之一);二是混合阶段,在这个阶段中,相同的符号代表不同却又发音相近的字(像是"I"/"eye"),以及相同的符号代表意义相关的不同字(像是"eye"与"see");最后一个阶段中,偏旁被用作分清字意的符号,共占百分之九十七。

最后有一种特色只见诸于中文。在文字的发展中,抄写人采用把两种元素,即指事的字和偏旁结合起来的技巧,形成一个字。相反地,在象形文字和楔形文字中,限定符号则被视为独立的单位。于是,从很早的时期起,中国文字就受到美学理想的影响:不管多么复杂,所有的符号一定得限制于方块空间之内。这就仿佛把字母构成的每个词,像是"I"和"floccinaucinihilipilification"[1],都放进相同长度的矩形中。

在大约三千年的时间中,无数的学者修改了数万个符号,这种发展过程是不容易理清的。目前,在中国甚至是世界上,没有人能够了解阅读是如何实现的。现在,许多专家认为,声符是最基本的,然后再加上形符。因此把大多数的汉字重新编成一个矩阵是有可能的,下

---

[1] 第一版牛津英文辞典中最长的英文单词。——译注

边是二百一十四个形符,上边是四千个声符。这样就会得到八十万个"声匣",远超过把所有汉字记录下来的声匣数量。而实际上,只要有八百九十五个声符就足够用了,它们能创造出四千三百个字,是大多数识字的人所需的数量。

现在,对中国儿童而言,学会这个系统(其错综复杂性只有少数师长能理解),并且具备数万个"符号"的使用知识,是非常困难的。但却不像西方人想象得那么难。在西方,大多数人认为,中国学者必须学会数万个汉字,每个字都是独立的。如果真的每个字都是独立的话,那么中国人就无法读懂不熟悉的符号,实际上中国人常常阅读不熟悉的符号,因为每个符号都依特定的顺序,从左向右来读写。

同样地,如果所有的符号真的是独一无二的表意文字,那么就不可能书写外国名字。事实上,识字的中国人很会写外国名字。他们以逐字的方式,挑选大致上能代表某个名字的符号(即一个中文字)来书写。我的名字就相当简单:"John"成为"约翰",而根据四声变化,"man"可以表示"瞒"或"满",写出相应的名字。阅读者根据文章上下文,可以看出这是造出来的名字,字的原始意义就消失了。有一次,在内蒙古的火车上有个中国人用蹩脚的英语问我,关于英国名人"Chuo-ji"的事情。我的脑袋一片空白。他跟我解释,好像我是个白痴。"伟大的领袖!战争!"最后我听懂了:

"Churchill?"[1]

"Yes.Great man.Why you no make him king?"

---

[1] Churchill 的汉语拼音是"qiu-ji-er",丘吉尔三字即由一个古姓 + "幸运" + "你"所组成。

对外国人而言，中文这种记录声音的方式非常古怪无效率，又要求很高，极端复杂。显然，字母系统较简单，那么中国人为什么不改用字母呢？

有一个简单的答案就是，汉字好用，其内涵丰富堪与其他系统比拟，甚至有过之而无不及。尽管考虑到种种因素——如历史深度、书写的价值、智性与艺术的层面、众多其他语言的译作——继续故步自封似乎很荒谬的。但从技术上说，中文在某些方面并不比英语更复杂，英语也有它让人诟病的拼字法与变化多端的发音方式。在这两种语言中，很多声音都和其他许多符号或声音产生关联。从表面上看，一个字母是一个声音对应一个符号。当然，事实并非如此。第四章会深入探讨英语复杂的拼字法，不过在此我们先稍稍提一下：我们有十种方式来拼"o"的声音（so、sew、sow、oh、owe、dough、doe、beau、soak、soul），而使用"o"这个字母来代表六种不一样的声音（so、to、on、honey、horse、woman）。所以一个困惑的中国学生可能会问：为什么英语不改用别的更合理的系统？

因为这两种系统没有直接彼此竞争。从某些翻译的问题可看出，两者各有自己的领域。道格拉斯·霍夫施塔特（Douglas Hofstadter，汉名侯世达）是一位博学的作家，专精认知科学领域，以《哥德尔、埃舍尔、巴赫》（*Gödel, Escher, Bach*）一书获得普利策奖，他谈到他的中文译者吴教授（Wu Yunzeng），当遇到霍夫施塔特那种复杂的文字游戏时，吴教授将其比做回文，即前后颠倒阅读都一样的词或句。当然，中文也有回文。吴教授引用一句中文："叶落天落叶"（Ye luo tian luo ye）。当然，对英语系国家的人而言，这不是标准的回文——在中文里"字"可以前后颠倒阅读。而不是"字母"。霍夫施塔特写了一篇著名的英语回文，概述费尔南德·德·雷赛布（Ferdinand de Lesseps）连接大西洋和太平洋的想法："A man, a plan, a canal-

Panama！"吴教授困惑了："Panama！-Canal a，plan a，man a."这根本没有什么意义。

霍夫施塔特用这种方法在两个不同的语言领域间搭起桥梁：如果你想保有文字游戏及每个字的原义，那么你可以说"leaves fall season fall leaves"。很凑巧，在美语中，"fall"有两种意义，而"leaves"也一样，这样就有一个很棒的解决办法："Fall leaves as soon as leaves fall."[1] 当然，这又不是英语回文了。不过我们别挑毛病了，还是试着造一句用中英文念都行得通的回文吧。

这道习题开启了一个哲学讨论的领域——到底何谓翻译？不同的文化领域要怎样才能产生关联？也许没有办法。也许一张中国椅子（或甚至是法国椅子）所具有的本土指涉太浓厚，是无法翻译成英国椅子的。也许翻译多少总是"lost in an art"，就像"translation"这个字的换音造词（anagram），你想翻是翻不出来的。[2]

不管怎样，这两种语言各有天地，卓然傲岸，都具有同样丰富的内涵。只有无知自大的人，才会以其中一种语言来贬抑另一种语言。

中文书写的深度及广度带来了其所以能留存下来的更深一层的原因，就是文化迟滞。用比较没有贬抑意味的说法，就是保守主义。动力还在。中国国土广大、人口众多、著作繁多，这些都确保中国比起其他国家拥有更多的文化动力。在长治久安方面，中国是独一无二的。尽管中国经常四分五裂、内战不已，但是每个交战的诸侯都从整个王朝中撷取价值，而且每个新朝代都宣称已经获得"天命"。统治者，不论是帝王还是诸侯，都仰赖于书写系统所支撑起来的官僚体

---

1 本句译为中文是"叶一落，秋就离开了"，但英语所呈现的回文，无法以中译表现。——译注
2 "anagram"就是把一个词或句子的字母重新排列，得到一个新的形式。本书作者在此把"translation"一词重新排列，得到"lost in an art"。大致的意思是"翻译，失于译艺"。——译注

系。一个世纪又一个世纪,学者与官员累积了大量的著作与记录,单单公元 983 年这一年,就出版了包含一千个章节的杂记,以及多达二十五万页的基本佛典选辑。成功进一步推动成功:朝鲜、日本、越南等非中国文化也采用中国文字,而其他文化则自行造字(西夏在公元一千年左右统治中国西北达两个世纪,他们造的字达六千六百个,只有一部分被解译出来)。整个东亚都受到中国的文化支配。

中国正如一幢宏伟耐久的豪宅,而构成此豪宅的全部零件则相濡以沫。社会的各个层面,像是王侯卿相、政界、学界、文学、艺术、历史、书法等等,都使中国具有最耀眼的文化。修改个别的书写符号不会受到非议;批评整个书写系统则是大不敬。直到本世纪计算机出现,历史包袱才减轻,否则没有人敢这么做。

在探讨楔形文字、象形文字、中文这三个主要的音节系统时,保守主义(动力或是惰性,随你喜欢)成为保留传统文字的主要力量。在这三种语言中,你可以感觉到,历史重压在文化精英身上。文字使用多久不是问题关键,该探讨的是使用这些文字的社会持续了多久。一旦书写系统开始存在,就会有很大的弹性。改变似乎不会从内部自然产生,要有外在因素才会引发新的创造动力。这也许是来自上层的压力,加诸于文人身上(这种情形后来发生在朝鲜、土耳其、中亚、蒙古)。否则,像是字母这种新的文字,只能在新环境中才有机会被接受,因为在新环境中,传统不具影响力。

总结以上观念,谨提出三点拙见,姑且称之为书写发展的三个运作理论:

一、在一个书写系统中,复杂程度是无限的,而且不会影响其他任何系统。

二、除非受外力影响而改变,否则书写系统会与文化一样持久。

三、新的书写系统在雄心勃勃的新兴文化中才会出现。

对于寻找字母起源的人而言,第三点尤其重要。如果真的是这样,那么我们应该设法找到与小化石(这些化石显示恐龙时期已有哺乳动物存在)有相同价值的文化发现。到目前为止,考古学家已经花了一个世纪的时间,想要找到字母起源(字母起源如同幽灵般的存在)。现在,可以有把握地说,字母起源证据已经浮现。

第三章

旷野中的字母

找到字母起源的人，也会有另一个大发现：整个西方的源头。很少有人会怀疑希腊字母（西方人的老祖宗）来自腓尼基人，希伯来语和阿拉伯语也是源自腓尼基人。但这绝非问题的全部。根据英国考古学家艾伦·加德纳（Alan Gardiner）在1916年的讲法："大家都同意，如此简单又如此完美的工具，能把语言用肉眼可见的符号进行记载，可以想见不会是某个天才灵机一动的成果。在这之前，一定有较粗陋原始的书写方法。"今日看来，字母并非像加德纳所说的那么简单，那么完美。楔形文字、象形文字或中文的读者，一定会反对这种字母至上主义，但加德纳所提到的早先一定有较粗陋的书写方法存在，这种看法是正确的。由于有了最初的字母根源（不论是多个根源或单一根源），才会有各种模仿字母及衍生字母出现，最后才有今日无数以字母书写的著作。成为发现字母起源的第一人，这是值得追求的目标，因为世界上有四分之三的文化是以字母为基础的。

字母是在何时、何地、以何种方式开始产生？根据过去150年来在美索不达米亚、爱琴海、埃及的重大发现可以看出，可能的起源并不多，包括美索不达米亚的楔形文字、弥诺斯（约公元前3000年至公元前1100年以克里特岛为中心的文明）字母、赫梯（小亚细亚的古代民族）字母、旧克里特字母、塞浦路斯字母、埃及象形文字，等等。埃及一直是最有可能的字母根源。有一点似乎太过巧合，埃及人可能在他们的书写系统中夹杂着字母,过了数千年,腓尼基人碰巧从涂鸦中奇想出字母这种构思,地点就是与埃及进行贸易有数个世纪的地区。这就是字母的起源吗?从埃及人到腓尼基人,中间是否遗漏了某个环节?

在20世纪90年代,一个可能的答案出现了。证据只有一点点:几磅重的陶器、几尊小塑像、岩刻图案、壶罐上的符号。这些遗迹的数量稀少,难以理解,就跟古人类学家所发现的一样,只是一点点有关人类起源的骨头化石。虽然出现了一些极为类似字母形状的符号,但是我们对它包含的意义一无所知。除了一些刻印文字偶尔可以理解外,大部分的人物及事件就像影子般一闪而过。不过这样已经足以追溯字母起源,从埃及到西奈、巴勒斯坦到腓尼基。

古埃及首都底比斯位于尼罗河上。在底比斯西侧,法老的墓地帝王谷(Valley of the Kings)上方,古径通向陡坡,直达黄褐光秃的山顶,许多世纪以来的风雨,在西边沙漠地区蚀刻出丘陵与山谷地形。1990年,年轻的耶鲁大学埃及古物学者约翰·达内尔(John Darnell)在底比斯展开研究,他担任埃及铭文调查,是一位资深铭文专家,其研究基地位于卢克索(Luxor)。他在前一季到过这里,对路径感到很困惑。19世纪晚期一个德国探险队,20世纪30年代另外两个英国探险队,都曾抵达此处;在这里记录旧石器时代的工具与铭刻。不过到现在似乎已经没有人知道这些考古场的旧址和路径。有一条大家知道的路径叫做雪花石膏路(Alabaster Road),当地人过去在此采集乳脂色岩石,雕成小饰物卖给观光客。整条路径磨损得很厉害,显然使用的时间已有数千年。到底是什么吸引人们到上面那个险恶的环境去？一个周末，达内尔和同样身为埃及古物学者的妻子德博拉（Deborah）开始进行勘探，他们搭出租车到陡坡底部，然后爬上崎岖起伏的沙漠丘陵地。

尽管达内尔夫妇是第一次走在这条破败的路径上（花一个半小时走到沙漠地区），他们无意间已经发现考古的宝藏：几百个陶器碎片、装饰用石块、公元前17世纪的沙岩神殿遗迹——大约建于公元前1640年（虽然第二中王国时期的年代并不确定，王朝和王朝之间互相重叠）。还有一块石碑，上面刻着太阳圆盘（这种石碑呈厚片状，古埃及人用它来记录重要事件），还有很多碑文，记载的时间长达许多世纪，不过在公元前2000年左右，记录活动似乎最为频繁。对考古学家而言，这里几乎是一块处女地。从20世纪30年代的英国探险队由于战争中断探勘活动起，再也没有考古学家来过这里。传统上，考古学家对于沙漠地带总是兴趣不大，因为古埃及人发展的地点接近尼罗河。不过这条路径——从高险的山区陡地降下，穿越雨水冲刷出来的溪谷——过去却是条繁忙的大道，在四十英里的捷径中，其中一部分可以穿过基纳湾（Qena Bend）——这个广阔的半圆形区域，尼罗河在此往北流向卢克索。达内尔夫妇无意间已经发现考古学的露天金矿。

接下来的那一季，他沿着山谷更深入勘探，发现了更多东西，除了图案中的符号，其中一些奇怪的符号是达内尔不曾见过的，还有一块石碑，岩面上的铭文显示，其年代可追溯至第十三王朝，约公元前1780年至公元前1650年。对外行而言，这些符号看起来一点都不相像。不过如果真像达内尔所推测的那样，这些符号可追溯至公元前2000年左右，那么所谓"意义深远"的说法都不足以形容这些符号的重要性。没有理由把这些符号当成埃及文字。唯一与之类似的是达内尔以前看过的来自西奈沙漠的一些符号抄本，是古西奈语的符号。

和古西奈语的符号一样，这些新发现似乎都是字母，可能是迄今发现的最古老形式的字母，很有可能是腓尼基字母的基础，然后发展成希腊语，再后来是拉丁语。即使匆匆一瞥就可以看出，那不是最初形式的字母"a"吗？这又是一种"m"吗？——他知道，自己可能正看着字母的起源。

达内尔夫妇根据以往的记载来检视新发现。早在1936年，英国考察队的汉斯·温克尔（Hans Winkler）来到这个他们"发现"的地区。他记录了该地的名称——恐怖之谷，以及第十三王朝的石碑，不过没有记载其他细节。现在达内尔夫妇到了这个地方，他们可以看出温克尔拍摄的黑白照片中同样有许多刻在岩上的铭文。所有这些东西都应该拍摄下细节。陶器和小铭刻石得带回底比斯，加以研究保护。这些"字母"（果真是的话）必须有单独的研究计划，来研究谁创造这些符号，为什么？一旦研究工作开始，这个考古遗址就要加以保护，免遭人偷盗。偷盗者恶名昭彰，是损毁埃及遗迹的祸殃，他们的头目只消让手下工作几天，就可以从游客和文物贩子那里赚取几万美元。对这些人而言，整个地区就是一堆放在沙漠里的钱。达内尔夫妇必须加紧脚步。他们与有关当局联系，写建议书，寻求支持。底比斯沙漠路线考察计划就此产生，工作就从神殿区开始，位于卢克索这一边。

1993年，达内尔夫妇开始第一次正式的行程，更深入沙漠地区，进入恐怖之谷。他们搭两部车，每部车都有司机，从北方进入，经过一个只有四轮驱动车才爬得上去的地点，进入山区。达内尔带着工作装备及尖头手杖（他常带着，以备不时之需），走在前头，同行的还有上级古物视察员。德博拉跟在后面。接近山谷时，他们起先充满期待，但当看到轮胎痕迹以后，他们突然感到焦躁不安。不久以前有人来过，在弯曲的谷壁中，筑起了铁轨车道。他们非常惊讶地看到一辆拉着平板拖车的牵引机。

几个身穿长棉布连身衣服的男人正在偷盗古物。德博拉的情绪一阵激动。"当时我的心情就像是,当你回家时,看到有人在打你的小孩。"其中三个人在谷壁上方,可能正在给铭刻分类,其余两人则正要把第十三王朝的碑文(刻在岩面)劈凿下来。

车子停下来。这些偷盗者几乎还来不及反应,达内尔就从车上冲出来,手里拿着尖头手杖。偷盗者拖着连身衣,笨拙地跑开,逃到山谷时把连身衣脱掉,只剩下内裤和拖鞋,而达内尔则在后面追赶。

"等一下!"视察员朝达内尔大叫。

德博拉现在也下车了。"我们得做点什么吧!"五对五。她想当场将他们逮捕。

"不,等一下!"达内尔在山谷上方停下来。"我们得回去报警。"

他这么做是对的,因为当时在现场无法逮捕任何人。但如果他们就这么离开,偷盗者会回来,继续偷盗古物,用车运走。至少他们可以阻止这种结果。达内尔用考古用的十字镐,在牵引机的油箱上敲一个洞,用尖头手杖把轮胎嘴敲掉。他们愤怒不已,心里充满挫折,为了泄恨,随后破坏凿子、带刺的铁丝网、木槌等工具。他们开始检查损坏状况。盗毁事件不是偶然发生的,有人已经看准这个地方,并先在象形文字的石板上标上白色箭头。很幸运,没有人对古怪又潦草难辨的古西奈语(如果真的是古西奈语的话)感兴趣。达内尔夫妇用手指摸着石碑,当他们第一次来时石碑还很完整,现在已经成了一堆残骸。你可能会想,偷盗者应该知道,如果他们小心切割可以卖个好价钱,但事与愿违,他们就是这么乱凿乱切。

就在这个时候,一个古物警察骑机车来探询考察队。他很快叫来了后援,从其中几件连身衣服里面找到了身份证,牵引机上也有登记号码。警方在纸条上抄下资料,应该能追查到这些人了。

接下来的四季，工作情形和这次的经验差不多。偷盗者被逮捕、交保，然后又多次回到山谷。警方负责安全工作，但由于地处偏远，地区广大，保护成效不佳。不可能在绵延几英里的岩石区巡逻，也不可能设下封锁线。由于任务在身，他们还不得不限制达内尔夫妇，若无许可及护卫的话不能工作，每次出发都得填一堆繁琐的表格，穿梭于古物部门、当地警方、犯罪侦查等官僚迷宫之中，最后总算组成考察队，汽车与机车各数辆，还多了十几个帮手（其中大半没事做）。

令人震撼的遗址、偷盗者、警察、研究的急切性——这一切让考古学家陷入困境。理想上，这些工作应该审慎地进行。不过现在不可能了。这些古物得尽快加以编目研究，做出报告，避免更多的损失。此外，他们不希望任何学者来指责他们蓄意藏私，但如果公布考古地点的话，偷盗者、游客，甚至是其他急于抢功的考古学家，一定会使这个地方受到更多的破坏。当然公布也有好处，那就是不容易销赃，可以加强保护。

接下来几季，两个主要考古地点忙成一团，一个是恐怖之谷，另一个是神殿区。神殿区以安塔夫（Antef）的名字命名，他在第十七王朝时盖了这座神殿。尽管曾经被偷盗过，达内尔和德博拉还是把每件遗留下的东西都加以记录。一块石碑是在十三王朝法老索伯克霍帖普三世（Sobekhotep Ⅲ）统治时期刻成的，后来一点点消失了。有一段铭文（内容引用《西努希的故事》中的片段。这段铭文非常重要，因为可以和晚期的版本做比较）已经永远消失了，现在只剩下达内尔的照片与副本。其他铭文则书写潦草，仿佛纯粹出于恶意。考古碎片不是被巡逻人员踩踏，就是得先保管几个月的时间。

由于这些记录，使达内尔夫妇可以推测遗迹的历史背景。这条"路"是一个交通网络，能够让底比斯连接北方的城镇，特别是可以到达一个古老的阿拜多斯（Abydos）墓地，然后到达利比亚沙漠中的绿洲。先前没有人认为埃及人会这样冒险深入沙漠，不过证据表明，从零王朝（Dynasty 0，在公元前 300 年之前）开始，这条路已经使用了超过 1000 年：走私者出没、快马信差运送邮件、法老四处巡游、官员来来去去、沙漠官员巡逻、祭司进行星相观测。消失的石碑上所刻的文字是僧侣体象形文字。从内容中可清楚看出，这块石碑是在第十三王朝索伯克霍帖普统治时期所刻，约公元前 1750 年。根据达内尔的说法，索伯克霍帖普"把自己形容成为击败沙漠中的外来游牧民族的胜利者，和废寝忘食地训练沙漠巡逻员的勤勉君主"。有一段话语意含糊，描述大家"在假日时，整天待在山下"。他们可能是在这里暂停，朝拜女神哈索尔（Hathor）。

对考古学家而言，在达内尔夫妇的发现中最有趣的就是黎明前（heliacal，偕日升）升起的天狼星，它对埃及宗教非常重要。天狼星，埃及人又称"狗星"，对于埃及年表也非常重要，因为它的偕日升现象应该与新年一致，不过每隔大约一千四百六十年才发生一次。这个重大事件记载于公元 139 年，因此在公元 1321 年、2781 年也会发生。不过到目前为止，这些日期尚不清楚，就像公元前 600 年左右的年表一样，缺乏实证。如果有偕日升的正确记载（不管是哪一年），那么一定是老天赏赐的。如果偕日升现象是在第十七王朝，约公元前 16 世纪初期出现的看法正确无误的话，就能提供一个确定的时间，有助于标示埃及史的年代。

这里还有一些令人困惑的字母。达内尔坚持认为：它们不仅是"早期的字母铭刻"，也是"目前已知最早的字母"。从这些字母的外形来看，书写方式似乎是从右至左。从其中十二个符号似乎可看出，埃及书写与后来的闪语字母彼此有关联，这些符号包括牛头、眼睛、房子、蛇、水等符号。在这些符号以及其他符号之中，达内尔辨识出"a、b、r、n、m、p、w、t"，以及另外四个闪语字母。有些符号的组合类似闪语的单词，像是"rb"（族长）——虽然我们无法确定这些符号代表的声音是什么。达内尔表示，这些符号的起源可追溯至象形文字，也可追溯至象形文字的简化草写体（即僧侣体）。例如，有一个符号是一个人坐着，下方有个"Z"形的花饰。这个符号即使真是闪语字母的话，它在闪语中所表示的意义也没有人说得准。在埃及书写中，这是一种限定的符号，表示这个对象是人。这种具有"Z"形的符号在象形文字中很少见，在僧侣体中却很常见。

毫无疑问，达内尔知道自己的发现非比寻常。在1997年，他用平常的方式，像是文章、演讲、新闻稿等，公开自己的发现。学界各方均表示支持，最主要的支持者是普林斯顿神学院闪语专家奇普·多布斯·奥尔索普（Chip Dobbs-Allsopp），以及约翰霍普金斯大学近东研究教授凯尔·麦卡特（Kyle McCarter）。达内尔在准备更详尽的学术发表资料时，发给我一个电子邮件，说明他的结论："在这些铭文中，最重要的一点就是，当我把草写体和非草写体混合以后，能够估算出埃及字体在发展的过程中，究竟在什么时候与早期的字母分道扬镳。"根据他的估算，分道扬镳的时间是在第一王朝中期或是中王国的早期。以现在的年代计算方式来看，大约是在公元前2000年至1900年之间："大约在公元前2000年，埃及人和西亚人共同努力的结果，才有我现在正在打的字母。"

关键的民族是"亚洲人"。他们早在公元前2000年就已经定居于埃及，是来自今日的以色列、叙利亚、黎巴嫩、约旦等地的外国人。埃及人把从苏伊士以东地区的人几乎都称为亚洲人。埃及人常常指摘这些外来者的胡须、男人穿的短裙、长辫发型。有些"短裙织布工"

似乎是来自巴勒斯坦地区某些筑有围墙的贸易城镇：比布鲁斯、何什基伦、基色、耶利哥。有些人来此进行贸易，有些人则是来工作，不过还有一群不一样的人，那就是那些浑身长满粗毛的弓箭手，是来自荒野的半游牧民族，他们进入埃及可能就是以掠夺为生，或者沦为囚犯。对于安逸文明的埃及人而言，这些半游牧民族确是一大威胁，正如后来安逸文明的中国人一样，也是饱受蒙古人的威胁。不过埃及人和这些半游牧民族似乎都倚赖类似的生存条件，他们互相攻讦，也从对手身上获取利益。一方拥有无数的财富与货物；另一方则拥有众多奴工（可以征调他们从军或从事建筑的工作）与原料。埃及统治者希望西奈边境和平，前往绿松石矿区的通道才能维持畅通，他们需要黎巴嫩的大杉林出产的木材。由于贸易与战略的要求，东方与东北方的路线一定要稳固，才能对抗"亚洲的野蛮人"。

　　这并不是随时都做得到的。王朝殒落，其他强大的势力就会抓住机会。公元前第三个千禧年将结束时，蛮族入侵威胁尼罗河流域。"看！邪恶的亚洲人！"第十王朝法老阿克托伊（Akhtoy，曾著书阐述治国之术）发出警讯。"他从来不会一直待在同一个地方；他因为生活困苦被迫四处漂泊……早在天神荷鲁斯（Horus）时代，他就一直在作战，从未征服，也未被击败。他从未宣告作战之日，就像贼窝里的亡命之徒。只要我活着！只要我还在，这些弓箭手就进不来……别把他们放在心上！亚洲人是河床上的一只鳄鱼：他在渺无人烟的路上劫夺'人民'，不过他可不敢在人多的城市港口这么做。"他所讲的话，和以往的统治者长久以来的抱怨相似（他们受到游牧民族的侵扰）：鬼鬼祟祟、贪得无厌、穷困，他们永远阴魂不散，万分狡猾。这些家伙甚至连战争的规矩都不懂。但不用担心——阿克托伊法老满怀自信，和后来的王国统治者相仿佛：

> 不论发生何事，我们拥有
> 象形文字，他们却没有。

阿克托伊法老的自负其实有点不堪一击。由于被亚洲人围攻，阿克托伊法老对内的统治并不顺遂。他的政令似乎无法宣达到黎巴嫩海岸，至于"亚洲"内地，就更不可能了。巩固王朝需要有个更加坚决果敢的人物。底比斯的门图霍特普（Mentuhotep）就是这样的人物，他在第十一王朝开始统整国家的工作，数千军队巡行于尼罗河流域及底比斯（是阻力最大的地方，也是民族复兴的中心），致力于控制该地的沙漠通道，想必对抗一定很激烈。努比亚（Nubia）将军特亚乌提（Tjauti）在恐怖之谷上方的路上留下记载，说明他立下的功劳。第十一王朝的底比斯统治者安塔夫（Antef，不是后来建立神殿的那位安塔夫）把整个地区封阻以后，努比亚将军筑了这条道路，确保横越沙漠的通路。这个安塔夫显然也不甘示弱：另一块岩石刻写的内容里提到"安塔夫的攻击"。

显然，许多恐怖之谷的遗迹可追溯到这个时期，也就是中王国时期（大约公元前2140—公元前1785年），当时国家正在进行改革。恐怖之谷有一块铭刻记载了一个官员的旅程：大约在公元前2010年，他从阿拜多斯出发，抵达底比斯，参加门图霍特普的下葬仪式。不过类似这种详细的记载很少见。这是一个难以捉摸的时代，没有足够现存的证据可以说明当时发生了什么。很明显的，要重整一个分崩离析的国家得花上一段时间。国家之所以处境如此，可能是由于一些无业的佣兵（其中包括亚洲人）引发了内战。铭文内容提到杂草蔓生的遗迹、淤塞的水井、堵塞的河渠，一直到了第十二王朝的第一个国王阿门涅姆哈特一世（Amenemhet，希腊人称他为Ammenemes）统治时期，才又恢复往日荣景。他用夸张的笔法（内容则不甚了了）描述自己如何获得权位:"我站在国土的边陲,审视国土的内部……我让亚洲人'学狗走路'"无论如何,这的确是卑贱的走路姿态。他的继位者(也是共同的统治者)——他的儿子谢努斯莱特(Senusret,希腊文称做 Sesostris)——允诺重新在南方实行中央统治,在底比斯建筑神殿,在埃勒凡泰尼(Elephantine,尼罗河中某个岛上面的城镇,靠近努比亚的边界处)恢复王权。西努希谈到他的主人谢努斯莱特:"他以掠夺蛮族为乐……他生下来注定要攻击叙利亚人,践踏沙漠的民族。""亚洲"又一次成为武力与外交剥削的对象。1980 年发表的一块铭刻,内容提到一支军队被派往西奈的绿松石矿区及黎巴嫩海岸,随后带回了战利品与一千五百五十四名亚洲战俘。

的确,西努希在前往雷提努(巴勒斯坦北部)途中,描绘了埃及势力范围之外的"亚洲"地区,景象非常可怕。不论到哪里,他只看到游牧民族在放牧,互相侵袭,满脑子想的只是草地和水井。有些人以农耕维生,但大部分的人以狩猎维生。离开海岸地区,并没有富庶的城镇,只有彼此仇视的部落。那里是遥远国度的偏远地区。没有一个埃及人是属于这里的。西努希奉召回国后,得到王室慷慨的赏赐:"就像任何国家的统治者一样"。他的故事有明显的言外之意:埃及又稳固了!回来吧,离乡背井的人,回到雍容大度的国王身边!

根据恐怖之谷的遗迹做推测,几个世纪以后,这条"马路"(Road of Horses,后来大家都知道这条路)再度受到重视,这时候埃及由于两桩祸事再度陷入分崩离析的情况。埃及南部落入一个偏远的努比亚王国之手;北部被外来的希克索斯人(Hyksos)控制。希克索斯人从首都——Tel el-Daba,又名阿瓦里斯(Avaris),位于三角洲东边——遥遥控制埃及。公元前 3 世纪的史学家曼涅托(Manetho)说:"我不知道是什么原因,上帝的疾风打击我们;从东边突然袭来,出身不明的入侵者在我们的国土上,踩着自信必胜的步伐。"希克索斯人的特性比以往更难理解。曼涅托所用的形容词最好是译成"邪恶的"——跟阿克托伊所用的一样——是描述外国人时常用的讲法。也许并没有入侵，只是由亚洲人来接管罢了。这些亚洲人似乎是想从巴勒斯坦北方的"雷提努王子"处得到指引，或是进行结盟。从他们的名字可看出，他们讲的似乎也是一种闪语，跟古希伯来语有关。又过了一个世纪，底比斯的统治者才把这些蛮族赶走。

在这些历史事件发生的时期出现的亚洲人的踪影，与恐怖之谷的岩石图案（字母形状）相关。我们可以做一个和达内尔相同的假定：亚洲人在约公元前2000年住在埃及。可以想象，这个族群与其他许多流放国外的族群拥有某些共同点。有些人就像9世纪欧洲犹太人一样，来到此地进行贸易，然后就定居下来，在当地人的容忍与蔑视之间寻找存活的空间；还有些人则如弃儿般一贫如洗，只要能找到工作谋生就行；有几千人则成为平民家中的仆役。有一份纸莎草纸文献记载了第十三王朝的法庭记录，一个富有的底比斯地主拥有九十五个仆人，其中四十五人用的是亚洲名字。还有几千人在当地成了战俘，被政府当成奴隶使用：修筑水坝、神殿、道路。对高傲的埃及人而言，这些都是亚洲人，因为他们讲的都是类似的西闪语。不过在这些亚洲人之间仍有等级之分，有奴隶、普通官员、高级官员等等，各自效忠不同的祖国，彼此间有很大差异，就像美洲殖民地的非洲奴隶一样。有些人已经在此长久定居，早就忘了祖籍，有些人的家世则可追溯至今日的叙利亚、黎巴嫩、以色列、约旦。

不过，就像20世纪初期的美洲移民一样，他们在异地也拥有一种共同的经验。有些人具有识字能力。现在在柏林有一份纸莎草纸文献，内容提到一个男人被称为"亚洲人的抄写人"。跟海外的犹太人一样，这些"亚洲人"一定是很精明的：他们知道，以自己的主张和埃及统治阶层对抗是没什么用的。埃及的神职与知识精英可能和中古的基尔特（guild，中世纪的工商业行会）一样严厉，保护自身的权威，总是怀疑别的势力想分一杯羹。学会复杂的象形文字得花上许多年时间，这正是他们喜欢象形文字的原因。文字、地位、权力、身份，这四项因素密不可分。一个有雄心壮志的"亚洲人"一定会了解，如果这一点适用于埃及人，那么任何能运用书写的文化也都适用。不过到底要如何从他们的主人那里吸取精华——既要有效率，又不会让主人感到威胁？

任何一个拥有少许象形文字知识的人都知道，象形文字具有表示声音的符号，其长度比音节略短，用来表示闪语及埃及语都很常见的一些单音。在象形文字中，不同的时期具有二十四至二十八个这种符号。这些符号成为很好用的字母，每年数以千计的学童到大博物馆做短程参观时，就会看到。埃及人在书写外国人名时就运用这些字母。这种形式的字母早就用于形式比较简易的象形文字的书写，我们称之为僧侣体。就如达内尔的看法，比起石刻或发展成熟的象形文字，僧侣体更有可能导致字母开始发展。"亚洲人"——可能是某个专家所领导的几个学者——极有可能创造他们自己识字的次文化，就是改编埃及符号，然后运用于闪语中。有一个专家支持这种看法，他是以色列考古学家与铭文专家本杰明·萨斯（Benjamin Sass）。萨斯指出两点证据：其一，希克索斯首都阿瓦里斯的规模庞大，所以很有可能维持自身的学术活动；其二是希克索斯学者的成就——伦德纸莎草纸文献（Rhind Papyrus），内容抄录埃及伟大的数学专著，现存于大英博物馆。的确，以历史纪年来看，恐怖之谷（其年代是达内尔所推测）先于希克索斯王朝，但是没有必要把亚洲的学术成就限定在希克索斯王朝这段时间。

我们想象以下情境：埃及某地有某个亚洲抄写人，很想知道自己怎么写才能把闪语呈现至最佳程度。他会讲古埃及语，也会写象形文字及僧侣用的简化象形文字（埃及人用芦秆笔把这些文字写在陶器碎片和纸莎草纸上）。其中许多符号——就是那些代表音节的符号，我们现在都改写成两个或三个字母——没有用处，因为闪语并没有一组相同的音节。他也不理会限定符号，因为在古埃及语中，限定符号只用来处理语意含糊的地方。

  他现在能用的就是他会画的一些埃及符号，大约二十六个声音，各具标识。依据首字元音的原则：如"net"（水）成为"n"，"mu"（猫头鹰）成为"m"，这些符号代表某个词的起始音，所以很容易记忆。假如他借用这种思路呢？当然不是指借用那些相同的符号，因为在闪语中首字元音就会丧失掉，就跟其他任何语言一样——如果讲英语的小孩喃喃念着"m 代表猫头鹰"，根本没什么意义；此外，埃及语的声音并不见得在闪语中都可找到对应的部分。不，他采取的是这种思路：他有闪语的"声音"，还有一组现成的"符号"，而且他还有首字元音的规则可资运用。全然由于凑巧的关系，"n 代表 net（水）"成为"n 代表 nahas（蛇）"。此外，如果这种思路能够被接受，他可以运用于任何埃及符号上，而不管这些符号的原始用途。他该做就是选择适合的符号，当这些符号被赋予闪语的名称时，能够提供符号与声音（这些名称的起始音）的记忆关系。

  首先，他选了两个日常事物的图案：牛和房子。在象形文字及僧侣体象形文字中，🐂代表限定符号，用来界定使用于仪式中的肉类（如葬礼用的祭品），不过对于讲闪语的人而言，这种符号可以用来代表闪语的第一个字母，是一种声门闭锁音，这种音有时又叫做"咳音 ah"，或者伦敦土话（或者今日的"河口湾英语"）中"bottle"的 tt 的声音。后来，这个音的发音又改变，变成我们的字母"a"，发音则有多种，视语言及情境而定。这和我们字母书的同韵词——"A"与

"Archer"（弓箭手）同韵——不同。实际上，我们的解译者解读如下：

"Ox"（ /alep）代表起首的声门闭锁音，后来就变成我们的字母"a"。

在埃及语中，代表芦苇遮蔽处 的是一个单独字母"h"。一整套字母符号可能就是从这个符号开始的——这些字母符号被辨认出属于同一组的，但没有实际用途——在这种情况下，我们的抄写人很自然地接受了这套字母符号，使它成为最初的字母。闪语的"房子"是"bayit"，后来缩写为"bet"或是"beth"。就两个字的形式而言，在以后组成了像"Bethlehem"（伯利恒）这样的地名（Bayit-lachmu，意思指迦南地的神祇 Lachmu 的住所）。这个符号从埃及语移植到闪语时，获得一个新的起首音：

"芦苇遮蔽处"或"房子"（ /bayit）代表字母"b"。

其余二十二个左右的字母也是如此。原则上，一个音，一个子音符号，全部都是从象形文字改编而来。虽然并非每个古希伯来字母都可追溯到象形文字的根源，这个原则是确立的。

这个抄写人没有使用元音。在很多早期书写系统中，元音都被忽略掉，这是因为当一个子音滑向另一个子音时，元音很容易被当成杂音看待，又或者元音只是被视为发某个子音或结束某个子音时所出现的声音。那时候埃及人没有元音，所以我们这位抄写人也从来没有想过，这些杂音是可以收进来的。后来希腊人、希伯来人、阿拉伯人发现这种缺陷，才各自发展出元音。

这个寂寞的抄写人：这批比古西奈语还早的早期字母真的有可能是由一个人单独完成的吗？有可能。这些字母——后来被刻在恐怖之谷——整体成为一个有条理的发明。如果考虑到周围的社会进步，以及埃及人本身拥有字母符号等因素，那么在此时此地，本地区其他部族的抄写人似乎不可能发展出一套新的符号来。也许会开个会,成员是一些亚洲人学者,一旦他们有了想法以后,就不用花太久的时间,而且他们可能有一位主席指导。这位主席可能就是最先想出这个构想的人。当然我们永远也无法得知真相,但这推测是有可能的,因为在另一头的欧亚大陆也发生类似的情形,详情稍后我会谈到。

我喜欢想象这些识字的亚洲人很清楚他们正在创造某种全新的东西,他们在表达一种主张:僧侣体和象形文字是"他们"用的;这种符号是"我们"用的,这是一种表达方式,表示我们不是低贱的外国人。有了这些符号——埃及人不懂,但懂得的人却觉得很容易——亚洲人可以记录他们的交易与财产内容,记录他们的存在,提供不同民族各自的墓碑铭刻。

不过他们不可能想到,他们的发明竟是如此创新。这项发明并不仅仅只是一个新兴民族的发展核心,而且可以跨越文化与语言的界线。在邻接地区,只要是具有远见,能够预见这种简单书写系统的好处的社会,这项发明就会在那里生根发展。

对于埃及精英阶层而言,这种改编方式几乎不构成什么威胁,这种方式并不被视为"正统的"书写。我们可以想象,有些学者摇头晃脑地说道:那些亚洲人连限定符号怎么用都不知道!不过亚洲人根本不需要限定符号,他们使用一种全新的系统。后来,很多团体在进行采矿探勘或军事考察时,都会征召那些懂得如何在岩石上刻写(又或许他们涂写在已经佚失的陶器碎片及纸莎草纸上,这些东西仍有待后人发掘)的寻常商人与士兵。

达内尔在这个时期的尼罗河三角洲中,找到亚洲佣兵的证据,支持了以上论点。另一项证据是一块僧侣体铭刻,是1999年在恐怖之谷找到的。铭刻内容提到送递急件的信差,还列出一些军官及官员的名字，包括一位叫做贝比的"亚洲人军官"。从其他的名字和书写风格判断，达内尔相信贝比生活于公元前 1800 年左右。达内尔表示，在前往阿拜多斯途中，贝比所指挥的人包括亚洲士兵和士兵的家人（他们受雇维护信差使用的驿站）。

发现字母起源的美誉似乎迟早会落在达内尔身上，因为他有专业知识与决心，能够成就大事业。在"石刻僧侣体"——雕石工在改编纸莎草纸上的草写体时使用的字母形式——这个重要领域，他的专业知识无人能及。不过这种美誉并不容易得到，在这个竞争激烈的领域中，其他的埃及古物学者与闪语学家一定会提出异议。有些人认为这些证据的关联性太过薄弱——达内尔推论的年代取决于僧侣体的相关年代是否正确，然而僧侣体向来变化多端，不同的抄写人、学校、年代都会对其产生影响。此外，抄写人刻意模仿前期书写风格，也会带来不必要的困扰。这些都得花上很多年才能厘清。

别忘了，在西奈沙漠也有类似恐怖之谷的岩刻文字。不过我们前往西奈沙漠之前，不如先了解亚洲人在字母中看到的是什么（在象形文字中却看不到）？虽然他们并不自知，但是他们到底想做什么？

第四章

寻找完美的字母

对于千千万万习惯使用字母的人而言，似乎字母的本质就是简单，"简单得跟 ABC 一样。"不过所谓简单是骗人的，因为字母只是一个隐密的语言奥秘的表象。字母的符号不多，但是符号所代表的声音却非常复杂，然而这些声音也只不过稍稍呈现语言本身的复杂度。字母很简单，就像曼哈顿街道地图那么简单，不过若要凭这张地图一探曼哈顿的精华就没什么用处了。我们的二十六个字母构成一个点阵，给人一种工整的感觉。更进一步看，就陷入一团乱麻——我们这位亚洲抄写人可能一看到就放弃了。

音节在乍看之下似乎如原子般完整，记得吗？在显微镜下，音节就解体了。如以下这些音节："fire"（fi-er）、"meal"（mee-ul）、"schism"（ski-zum），是单音节还是双音节？其实，这些音节和另一种叫做词素（morpheme）的意义单位互相重叠。词素可能会帮助我们认知到所谓的音节，也可能不会。词素是我们用来琢磨意义的元素，就像前缀、字尾，以及其他的修饰语。举两个句子为例："I'm happy my aunt has gone"、"You're unhappy your aunts are going"。在这两个"简单"的句子中，几乎每个元素都根据某些规则进行，但我们很难认知到这些规则的存在，而这些规则也很难描述。"Un-"代表"否定"，"-ing"表示一个"持续的动作"。你可以说"You're happy your aunts aren't going"，但你不能说他们是

"ungoing",虽然你可以改变意义与情境说他们是"outgoing",可是你并不是想说他们要"going out"。发音也会根据隐含的语音规则而变化。过去式的字尾"-ed"看起来是很单纯的词素,但可以发成"-id"(如 spotted)、"-t"(如 walked),或是"-d"(rolled),根据前面的发音不同而定。

学术生涯就是靠类似的分析起家,看起来就像是刚刚膨胀的宇宙——从每个语音及文法的细节而来。但对于不是这一行的人而言,那些分析简直就像过家家。即使错误也能够有效传达意义:"You'd better go, bettern't you?"在巴黎人的俚语中(即 verlan),词素(或是音节——有时候词素和音节很难区分)颠倒,就像逆俚语(back-slang)中的名称一样:"verlan"就是把 l'envers [意指 inverse(倒转)]的两个主要部分颠倒。还有其他的例子:"Vas-y"(走吧)变成 s'y-va、"laisse tomber"(算了)变成"laisse beton","n'importe"(没关系)变成"portenaou、mèe"(妈妈)变成"reum","frèe"(兄弟)变成"reufre"。

词素可再细分为声音单位,称为音素(phoneme)。严格地讲,音素是任何语言中能够用来表示意义差异的声音。我们可以构成词素,或是一个音节(I, a);一个词素或许会有几个音节。对字母使用者而言,有些意义单位似乎是不需要解释的,"Pig"似乎很明显具有三个音素,语音学家证明了这一点,他们把音互换,然后改变意义:"big"、"pen"、"pin"。口误发生时,可以看出这些单位是位于文法的层次之下。例如,英国广播公司法文广播服务的播音员,在一篇有关南非的报道中,想提到"la population immense du Cap"(开普敦市的众多人民),但是却讲成"la copulation immense du Pape"(教宗的无数交配)。小孩子喜欢玩"首音误置",例如故意把"smart fellow"(聪明的家伙)讲成"fart smeller"(闻屁的人)。经过这样的置换，可以看出英语大约有四十个音素。理论上，这些可以合成一千六百个简单的音节，不过事实上我们只用了大约三百个（要是我们从埃及人或苏美人那里继承书写系统的话，那么这就是英语音节文字的数量）。

我们已经抵达岩层的最底部了吗？门儿都没有。你愈是深入分析，音素的概念就变得愈含糊。在某些语言中，有些声音被视为相同的（其实根本不同），而在其他语言中，则被视为不同。日本人就是有名的例子，因为他们几乎无法分辨"l"和"r"，所以讨论选举问题时就会发生麻烦。[1]法国人无法分辨"ship"（船）和"sheep"（绵羊），而英国人没有办法分辨"rue"（街道）与"roue"（车轮），或者是另一个更难缠的字，"roux"（奶酪面粉糊）；德国人无法分辨"bed"（床）与"bad"（坏）；在讲"merry Mary's getting married"这句话时，有些美国人发出的重读元音都一样。在英语中，"pool"的"l"和"leaf"的"l""相同"，其实是不相同。在俄语和波兰语中，声音各自有代表的字母。英语通常是加"s"以便形成复数型，文法规则很简单，但是声音则会变化："sets"中的"s"是无声子音，而"stairs"的"s"则是有声子音。在"niece"和"tent"中的"e"，比"knees"和"tend"中的"e"发音较短促。"key"和"cool"中的"k"声是不同的（试试看："k"之后的元音会使你在发音时撅嘴或咧嘴）。德语有两种"u"，瑞典语和挪威语有三种，但是都不尽相同。把全部差异都列入考虑的话就有十种变异，这还没有把重读和声调考虑进去：当"telegraph"（电报）变成"telegraphy"（电报学）时，增加的这个"y"需要用到其他四个重读及声调的改变。

---

1 election（选举）就会变成 erection（勃起）。——译注

我们看到语言本身及不同语言之间有复杂的变化,事实上这只是冰山一角。由此我们可以得到一个结论:字母所表现的并未如预期,也就是说,字母并没有在声音与符号之间提供一种一对一的相应关系。

我来问个奇怪的问题,就可以知道为何字母的表现不如预期:字母存在吗?你说,当然存在!字母就在我们身边。字母是一种原料,构成厚重的书面数据(每天涌现在我们四周)。虚无缥缈的电子文件(要是印出来的话,重量一定非常惊人),其构成原料也是字母。不过我们现在就把字母放大,就像是在显微镜下,看看字母到底是怎么消失不见的。

在这些小巧简洁的符号中,我们拿第十八个字母来做例子。跟其他字母一样,这个字母有两个形式,"R"和"r",这是为了提供文法及语境的线索,所以这个字母已经有两种外观形式。事实上,这个字母有无数的表现形式:几十种普通字体、数百种怪异的字体、无数种差异极小的手写字体。还有很多"r",有的属于尚未创造出来的字体,有的是未来的儿童的手写字体。变化是无限的。不过在这么多"r"之中,没有人认为,我们从中可以找到一个完美无瑕的原型字母。

这只是书写形式。我们能够意见一致,确认这个符号并没有"真实"存在,并代表什么吗?对我而言,这个符号代表的声音是"round the ragged rocks the ragged rascal ran"中的"r"。我的舌头向后卷一半,接近口腔的顶部,而且声音可以持续,很像"nurse"(护士)中的"ur"。不过想当然的,如果它是持续的声音,那么就必定是个元音啰?在中文里的"r"声是个元音,这个声音有几种不同的声调,根据不同的意义或方言而有所变化。在法语中,"r"声保有元音的成分,因为在"rue"中的"r"听起来像是连续音,是一种受阻的漱口音。苏格兰语或德语的"ch"(如 loch 和 recht)就很接近这种音,但是英语的"church"(教堂)中的"ch"则不同。另一方面,德语中的"r"——更确切地说是北日耳曼语的"r"——就是（或者可能是）一种英语中不存在的小舌震动音，除非是模仿嗥叫时才发得出来。不过在德语中也可以在舌尖卷出这个声音来，就像意大利人一样。更不用提儿童牙牙学语要如何发以上这些音，其中还包括"r"发出来却成了英语中的"w"发音，如"wound the wagged wocks"。

以上众多例子中，哪一个才是真正的"r"音和符号？你愈仔细看，"ɹ"就愈找不到。整体看起来，这个缥缈的存在绝对不是所谓的完整答案。同样的情形也发生在每个声音和字母上，整组字母都是如此。所以你得到一个荒谬的结论，那就是没有字母的存在，整组字母是个错觉。

这种看法有个明显的错误，那就是：字母是一种智性设计，用以标识话语的内容，因此把字母当成现实世界中的任何事物是不正确的。由于字母只存在心中，任何一种实体的呈现都只是无限变化中的一种，没有绝对的字母。字母存在的特质与其他无数概念相同，就像哈姆雷特（曾经有理想的哈姆雷特存在吗？未来会有理想的哈姆雷特存在吗？），或是数字。所有的数字都是抽象概念：在现实世界中，"三"的存有只能是三个事物。把全部的"三个事物"都归纳起来，才会得到"三"的概念。"三"成为一个象征，就像数学整体的概念仿佛一栋宏伟建筑，是一种智性的建构，这种建构是我们在内心世界的一部分，目的是为了描绘现实世界。

对于这种智性建构的呈现，英语尤其拙劣。"c"有时候听起来像是"k"，有时候像"s"；"qu"听起来像"kw"；"x"听起来可以像"gz"（exact）、"ks"或"cks"（不过它们的意义不同，例如tax／tacks）。"y"听起来可以像"ie"（fly）、"i"（baby）或"ee"（yes）。有一个声音没有对应的字母，就是"pleasure"的"s"，在"Zhirinovsky"这个字中可拼写为"zh"，但也可以拼写为"z"（azure）或"ge"（camouflage），在"ge"拼法中你还得加"d"这个声音（rage、age）才拼得出来。一般的"sh"音至少有十一种拼法（nation、shoe、sugar、mansion、mission、suspicion、ocean、conscious、chaperon、schist、fuchsia），如果你再加上地区性的拼法"nauseous"，以及奇怪的感叹词"pshaw"，那么就有十三种拼法。类似这种特例显示，英语在某种程度上是音节文字，你得认出音节所处的上下脉络才有办法正确发音。萧伯纳（George Bernard Shaw）有一次嘲弄英语这种会气死人的拼字法，这个例子很有名：他指出，如果你拿"rough"中的"gh"、"woman"中的"o"，以及"nation"中的"ti"，那么你就可以把"fish"拼为"ghoti"。若是按照这种讲法，那么他的名字可以是"George Bernard Pshaw"、"Sure"、"Shore"，甚至是"Tiough"（nation + thought）。

谈到"ough"，1965年1月有个叫做T.S.W.的人写了一封信给《星期日时报》（*The Sunday Times*）：

> 我想你早就知道
> tough、bough、cough 和 dough 吧？
> 别人发 hiccough、thorough、laugh 和 through 时，
> 也许会结结巴巴，但是你不会。
> 很好！也许你现在
> 想知道一些比较少见的陷阱？
> 看起来像"beard"，而听起来像"bird"
> 以及"dead"：讲起来像"bed"，不像"bead"——
> 看在老天的分上别说它是"deed"！
> 注意"meat"、"great"和"threat"
> （这些字和"suite"、"straight"，以及"debt"押相同的韵），

"moth"可不是"mother"中的"moth",
"both"也不是"bother"中的"both",
而"broth"也不是"brother"中的"broth",
"here"可对不上"there",
而"dear"和"fear"也对不上"bear"和"pear",
接着还有"dose"、"rose"和"lose"——
只要查查字典就知道——还有"goose"和"choose",
"cork"和"work","card"和"ward",
"font"和"front","word"和"sword",
"do"和"go","thwart"和"cart"……
来,来,我几乎还没开始呢!
糟透的语言?人还活着!
我五岁的时候已经学会这种语言了!

那么其他字母呢?其他的字母如何表现说话者发出的声音?俄语还不错,因为他们有革命的好处;德语非常好,最主要是因为它具有非常高的子音性质,而子音是语言的支柱;法语虽然不像英语那么糟,不过在拼字方面也是糟透了,因为它的元音流畅不羁。一个法语的门外汉在面对至少八种不同的拼法时(在英语中不存在)——前置的短音 e 可以拼成"é"(été),"ai"(j'ai)、"ais"(mais)、"ait"(il éait)、"aient"(ils éaient)、é(événe ement,然而,仿佛是为了使我们搞混,第二个"e"还可加上重音符号)、"et"(jet)——只会感到绝望,不然还能够做什么?好吧,这些都有差异,但是不会法语的人是不容易听出来的。

到了 19 世纪中期,语言学家,他们决意把语言明确地写下来,早已经知道声音和符号的错误搭配。艾萨克·皮特曼(Issac Pitman）是有史以来最成功的速记法发明人，他设计了多达七十二个国际音标，并且创办"语音协会"（Fonetik Soseieti）来提倡这些计划。其他人也跟进，使得整个计划的内容更加复杂。在1886年，一些重要的语音学家创办了一个协会，目的是寻求一种共同的方式来记载声音。他们设计了一种系统，称为国际音标（IPA）。1905年，这个协会增加了一位成员，丹尼尔·琼斯（Daniel Jones），他是语音学的研究生，两年后在伦敦的大学学院开始教导语言研究。接下来的二十年，琼斯创办英国第一个语音协会，成为世界最知名的机构，大半是因为他的努力，国际音标受到各国肯定。国际音标的目标就是拓展字母的领域：对于世界的语言中任何一个"有意义的"声音，都能够提出一个单独的符号。研究范围日趋扩展，这个系统也持续改进，到目前为止，已经有一百七十个以上的符号，包含七十四个子音、二十四个元音、三十一个区别发音符号（腔调）、十二个声调指示符号、十二个重读记号、十八个额外的符号（用来标示少见的喉头盖破裂音）。后来的专家创造了更多符号以记录错乱的说话声、低语声或鼻子讲话的声音，甚至是模仿唐老鸭的声音。

　　语音学的形象向来颇具争议，一直到最近依赖语音合成，语音学才逐渐受到重视。不过大约在一个世纪以前，新科学似乎快要获得语言分析的圣杯：世界上每个语言的声音都有各自的符号。有些人预见到戏剧性的结果，这些人中最重要的当属萧伯纳，他是社会学家、政论家，也是当时最伟大的剧作家。萧伯纳认为语音学应该成为社会进步的关键，做法就是把英国阶级制度的最大支柱——口音，消除掉。不用说，这么做是把标准提升，使得工人阶级能变成中产阶级。1912年，他开始写作《皮格马利翁》[1]，这出戏使他的神秘主题受到

---

[1] *Pygmalion*，一般译为《卖花女》，曾拍成电影《窈窕淑女》。——译注。

众人瞩目。以现在的眼光看，剧名似乎有点怪，不过在一个世纪以前，看戏的人都熟悉这位神秘的希腊雕塑家，他爱上自己做的雕像。在这出绝妙的喜剧中（也是讽刺作品及神话故事），雕塑家皮格马利翁变成语音学家亨利·希金斯教授，无意间把在下层生活中打滚的伊莉萨塑造成中上阶级的淑女，但也是个自负的年轻女性。这出戏的音乐剧版本——不论是舞台版或是银幕版——使得这个故事变得家喻户晓。

萧伯纳从哪里得到这些素材？他曾经见过英国最有名的语音学家亨利·斯威特（Henry Sweet）。虽然斯威特仅有第四级学位，使他无法晋升到更高的学术地位，但是他的声誉斐然，他在1877年出版的《语音学手册》（Handbook of Phonetics）使得英语及伦敦占有这门新科学的领导地位。在《大英百科全书》1911年版（这是最优秀的版本）中，斯威特对于这个学科有精辟的概要解说（他过世前写的，当然他还只是牛津大学的"高级讲师"）。斯威特讲述语音学可能带来的好处，其中观点类似萧伯纳的观点（也许是他启发了萧伯纳）："也许唯有借助语音学，才有办法解决发音的鄙俗和地域性问题，达到话语统一的目标。"这篇文章还强调，语音学的另一个目的是改革所有语言的拼字法——这也是萧伯纳关心的问题，也是1908年成立的简化拼字协会（Simplified Spelling Society）想要达到的目标。

萧伯纳在《皮格马利翁》的引言中表示，希金斯这个角色有"斯威特的影子"，同时也表示他更受益于桂冠诗人罗伯特·布里奇斯（Robert Bridges），除此之外，他未认识其他语音学家。他的讲法对于真相部分未免太过轻描淡写，因为他知道布里奇斯并不是语音学家。其实他是以希金斯的学术成果为基础，然后再运用于琼斯的研究方式中。伊莉萨的元音训练是琼斯式的，例如，在舞台准备的部分就载明留声机、喉镜、灯、音叉、管风琴、风箱，以及其他器械。琼斯后来告诉一位以前的学生,萧伯纳是怎么想出主角的名字的:正当他搭公车穿越伦敦南区,心里想着该给他取什么名字时,看到一艘船上写着"琼斯与希金斯"。正由于他捏造的这件事,"他不能称我为琼斯,而是称我为希金斯"。萧伯纳甚至愿意提供琼斯这出戏的永久入场券,两人的友谊持续。后来,在 20 世纪 20 年代,萧伯纳身边带了一个美国女演员莫利·汤普金斯(Molly Tompkins),决定把她的美国口音消除掉。他把她送到琼斯处,并写信给她说:"从伦敦佬的观点来看,你仍然有很奇怪的 R 音。别学时髦的英语,那是坏英语:你该做的就是不要用某些方言。"这两个人后来一起在英国广播公司的发音咨询委员会工作。1946 年,琼斯在詹姆斯·皮特曼(James Pitman,下院议员,速记法发明人皮特曼的孙子)的陪伴下,拜访老迈的萧伯纳。他们恳求这位伟大的人物,希望他在遗嘱中能够指定简化拼字协会为受益者。萧伯纳对待他们很冷漠,连茶水、咖啡都没奉上,他把大部分的遗产都拿来捐助他自己那些不切实际的字母研究工作。[1]

为什么萧伯纳不承认自己受益于琼斯?希金斯和琼斯两个角色各有不同,是不可能搞混的。希金斯鲁莽、火爆、易怒,是很适合的舞台典型;琼斯则没有什么魅力,完全是学者的形象:温文儒雅、体格瘦弱、一板一眼,漫长的一生(他在 1967 年过世)都致力于学术研究,从来不闲谈。有一个学生回忆第一次见到琼斯的情形:"琼斯自己来开门,带我进去,然后说:'你好。进来坐吧。你念个有声双唇闭塞音给我听好吗?'"

也许这些事都没被公开,因为双方都知道萧伯纳的目的是艺术的,不是科学的。琼斯成为教授时,学校为这个未知的新学门增办一

---

[1] 萧伯纳曾经以自己的发音规则设计新的英语字母。——译注

个系所，当时他对于萧伯纳会带给他的名声并不在意。1914年4月11日夜晚，他观赏《皮格马利翁》的首演后，觉得很惊讶。内容是一个顶尖的英语语音学专家——现实世界中就只有这么一个人——和一个漂亮的工人阶级女孩谈情说爱。这个女孩也是他的学生，常常用故意设计的语言来嘲弄中产阶级的伪善行为："这不大可能！"难怪琼斯希望这件事情不要公开。萧伯纳知道了，所以用序言来误导公众。两个人都守信用。语音学又恢复成学术圈的荒僻状态。

然而《皮格马利翁》使得一个观念开始普遍：从理论上来说，以符号来记录人类说话声音是可能的。其实是不可能。国际音标使用的符号虽然是字母的十倍之多，但是还是淘汰掉许多音。这是必然的，因为人类讲话时可以发出的杂音范围实在太广，可以分成无限的区域。在全部能够发出的声音中，国际音标的符号只代表极少一部分。正是因为这样的多变性，语音学对于语音学者有极大魅力，而对于门外汉而言，却是又无聊又专业的东西。有些音在大部分语言中都能找到，有些则很少见。讲韦尔斯语的人常常宣称，只有他们才有一种旁流摩擦音（lateral frictive），如"Llanelli"中黏滑的"ll"音。其实，祖鲁语也有这种音，包括有声和无声的形式；蒙古语也有。讲韦尔斯语的人一定可以轻易发出蒙古首都"Ulaanbaatar"（乌兰巴托）的"l"音。斯尼曼（J.W.Snyman）用一整本书的篇幅探讨非洲南部的语言所特有的喀喀声。约翰·韦尔斯（John Wells）（琼斯曾在伦敦大学学院担任语音学教授，约翰·韦尔斯是这个职位的第二位继任者）非常深入地探讨了字母"r"的各种发音，他为这个深入的专门领域创了一个新词"rhotics"[1]。"rhotics"现有一些专业的出版刊物。

---

[1] 本字当是合成"rho"（希腊字母的第十七个字，相当于字母"r"，与"phonetics"（语音学）二字，无法译，或许可称为"r音学"。——译注

这些细微的变化对我们大多数人而言并没有什么重要性,我们只是讲话,并不会分析我们到底怎么讲的,不过对很多在合唱团的人而言,这些就很重要,对合唱团指挥尤其重要。例如,如果你正在指挥《哈利路亚大合唱》(Hallelujah Chorus),你立刻就会遇到问题,是要念成"Hallel-u-jah"?还是根据希伯来语,念成"Praise ye Jah(ova)"?或是根据英语规则,念成"Hally-loo-yah"?当你的合唱团唱到复合元音和子音时,就很难决定了。举"Christ"这个词为例,特别是在唱长音符的时候:这个词分解为音素,然后从一个音素滑向另一个音素:比如说,"k-r-ah-ee-s-t"等音素必须符合四拍的全音符。你会唱"kra-a-ah……",然后迅速以"……ee-st"结束吗?或者就鼓励大家用二分音符唱"kra-a-h……",接着用另一个二分音符唱"……e……",然后突然唱个"st"?或者是先以修正过的方式唱出复合元音(即把第一个音并入下一个音),然后再唱最后的"-st"?"-st"的节拍不准吗?或者只是最后一拍的一部分不准?没有正确答案。指挥必须自己做判断,然后指挥众人,把这些当成创造完整音的全过程。

在音乐中,纯音可能会持续几秒钟,但是在说话时,除非是在特别的实验环境中(例如伊莉萨·杜立德所做的),否则没有一个声音能够维持几毫秒以上的"纯粹"。有些音是纯粹的,因为它们往前念或往后念都是一样的,就像是医生看喉咙时,叫我们延长的"a-a-ah"音。不过发有些声音,比如 p 的时候,复杂得像个叙事故事:先安静,肌肉力量集中——嘴唇、肺部、空气压力——然后释出空气,嘴唇打开,喉头接合。你没有办法倒回去发音,就跟泄了气的气球一样。在讲话时,音都会受到前后音的细微影响,也会受到声调、重读、舌头位置(可以使鼻子变成音腔的一部分,也可以排除在外)的影响。由于学者想了解这些到底是怎么回事,于是,一批新的科学家介入语音学领域,就是语音合成者。现在,从事语音合成的人并不着重于"纯"音的研究,他们研究的是一个音如何转到另一个音去,也就是双音(diphones)。只有在大约三百个可能的音之中找到正确的选择,人工合成的语言才能听得懂。单单选择正确并无法创造出正确自然的声音:看看史蒂芬·霍金(Stephen Hawking),他的合成器发出机器人似的声音就是一例。为了达到自然的效果,合成器的音一定要一个一个操作。

音还只是部分的问题,要在几种可能的音之中选出最正确的,计算机必须能够识别情境。发出"am"和"ham"也许会用到相同规则,但是要修正"shame"和"Thames"中的"ham",则必须运用更高阶的规则。双音必须重叠,转音的部分再以语音修正装置把它修得较为平顺。很多理论家认为,这种情形不会发生,除非合成器知道它自己在讲什么,这表示需要一种目前科技尚未发明的人工智能。

以上讨论几个专门的项目,目的是再度强调:我们通常说的,字母的目的在于以个别的符号来呈现每个声音,是一种没有根据的观点。字母并不是如以往大家所认定的那样,是特别有效率的工具,至少在声音与符号的一对一的对应关系并非如此。破裂音(p、t、k)如果没有爆成元音的话是无法单独存在的,所以破裂音只是"无声的音"或是音节。字母充其量只是话语的精华,而往最坏里说,则是话语极度腐败的复合物,没有一种字母是可以完全倚赖的。即使国际音标有国际化的优点,依然只能提供最接近的发音。国际音标只能做到这种程度,因为它的数量及复杂度已经超过简单的音节表(像是日语)。

那么,字母可以达到的最佳形式是什么?隐含的目的和外在的理由非常不同。字母是为了调和两种敌对的拉力:尽可能拥有最多数量

第四章 寻找完美的字母　　　　　　　　77

的符号,尽可能精准地呈现本身的语言;同时还要限制符号数量,使得学习、书写、阅读更容易。这一看就知道不可能——任何一个孩子都能想起并发出数百个音,但很少有成人能够把意义和同样多数量的声音,用符号对应起来。另一方面,太简化会导致歧义。例如,假设你以一种类似扼要的闪语方式把儿歌的元音删去,简化儿歌:

JCKNDJLLWNTPTHHLL

这很难懂。把这一串字母分成单词及对句,就可以增加我们的理解:

JCK ND JLL
WNT P TH HLL

对于没有儿歌伴随着一起长大的人,这还是很难懂,因为元音可以随意添加:

Jockey nod Jolly
Won't ape thy holly.

最好还是把元音加回去,继续和那些添加的复杂玩意儿相处下去。平衡歧义和符号繁复的最佳方式似乎就是再创造一种新系统,符号数量介于二十和四十之间,充分利用符号与声音的不协调性。

接着这种新系统就会产生它自己的特质,成为一种高度抽象的语言效果,缺点变成了优点。这全然是因为它避免了国际音标的复杂性及国际音标所使用的音节表,同时它容许符号与现实(现实就是语言的本体）之间具有弹性、含糊、任意搭配的特色。

英语拼字法的含糊特色应该要特别赞扬一番，正是由于这个语言的书写形式，能够容忍拙劣的口语，因此英语能够普及于各地。

完美的字母也许是一个遥遥无期的理想，不过还是有可能创造出更好的东西，可以胜过历史所创造出的西方字母（不论字母为何种表现形式）。我们知道这一点，因为有一种字母就是尽可能朝着完美的方向发展（跟任何字母可能达到的完美程度一样）。15世纪中期，这种字母在朝鲜出现。在语言学者的心目中，这种字母地位一如古典艺术作品。根据英国语言学家杰弗里·桑普森（Geoffrey Sampson）的看法，这种字母单纯优雅，非常有效率。它是所有字母的象征，一种非常优秀的字母，是朝鲜人的国宝，"人类最伟大的智性成就之一"。这种字母的故事值得一提，从中我们可以知道字母可能发展到的极致，以及字母发展的局限。

朝鲜约在公元700年统一，开始发展成精致自信的社会，当然还是一直处于大哥中国的影响下。中国文化、贸易、文学渗入朝鲜生活的各个层面，不过并非完全契合。朝鲜社会并未模仿中国，朝鲜的语言并不容易和汉字搭配在一起。这两种语言分属不同的语族：中文以语词来构成句子，朝鲜语以字尾来修饰字根。为了改编中文字体，朝鲜运用一种复杂的代用文字"吏读"[1]。吏读运用某些中文符号的意义及某些听起来有点像朝鲜语发音的符号。不管使用哪一种系统——知识阶层使用汉文，一般人使用吏读，对于这样的社会而言，书写是

---

[1] 吏读的朝鲜音为"idu"，是借汉字之音训，以标记用朝鲜语训读汉文必须者。——译注

没有效率的。跟中国一样，中世纪的朝鲜以木版及活字版来印刷，甚至还使用到金属版；朝鲜是世界上最早使用金属活字版的国家，在公元1234年印制《详定古今礼文五十卷》。

在15世纪初，朝鲜王朝从混乱中崛起，公元1356年朝鲜终于脱离元朝统治。朝鲜第四任国王世宗于1418年即位，时年二十二岁。他是个了不起的人物：勤奋好学，励精图治，集毅力与宽厚于一身，非常罕见。他尊崇儒教，这个哲学体系是他的祖父从中国引进的，朝鲜上下一体奉行。世宗的世界观是天人和谐，对他而言，这不仅是个理想。很少有统治者像他这样，他决意从事善行，并且拥有权力从事善行。他在宫内的学术机构"集贤殿"中挑选学有专精的学者，然后重新制定仪礼、建立天象台、修订历书、统一度量衡、制定史学研究方针、审查翻译学校的教学要目。他督促印刷事宜，鼓励采用最新技术：在他所制的三百零八本书中，有一百一十四本是以活字金属版印刷。在他三十二年的统治期间，他替这个五百年的朝代奠定基础。所以毫无疑问，他现在被视为朝鲜古今以来的一代明君。

世宗愈来愈担心他印刷的书籍平民看不到，如果只是给学者看，那么收集朝鲜民谣或出版农民历有什么用处呢？有一次他用中文印制儒教弘扬孝道伦常的读本后，心生挫折。他相信人民应该知善才得以行善，因此他催促老师把书带到乡下去，"即使是妇女，也要对她们读诵解说"。不过这一切很可能白费力气："由于平民通常不懂汉文，即使把书发下去，他们怎么会知道书中内容进而奉行呢？"即使用"吏读"，也不容易读懂。只有一个解决办法：他要给人民一个新的书写系统。

这是一个大胆新奇的构想，这么一来等于挑战本朝的威望与传统阶层，就是那些讲汉文的学者官僚（未来他得倚赖这些人来推动这个构想）。他得小心行事。很慎重地，世宗没有公布新的法令，只是委任大学者申叔舟领导一组人员。申叔舟会讲汉语、蒙古语、日语、女真语。如果可能的话，传统阶层希望新书写系统能有汉文的根源。但这个小组去中国进行了几次研究，并未找到可以用来造朝鲜字的拼字规则。

然而，从前朝蒙古人那里可以找到灵感。从蒙古人身上寻找指导是另一个大胆之举，因为两个世纪前蒙古人击败朝鲜，元朝直接统治朝鲜北方，直到1356年才被逐出朝鲜。不过那是过去的事情。对世宗来讲，最重要的就是，蒙古帝国及元朝的创建者成吉思汗在征服中国以前，曾经把一种文字（从讲土耳其语的维吾尔族处得来）引进蒙古，之后他的孙子元世祖忽必烈曾经委托西藏喇嘛八思巴创造一种文字，用来书写他的统治区里的各种主要语言——汉语、蒙古语、藏语、土耳其语、梵语。对于记载非汉语的语言，这两种语言的效果都比汉语好。所以新的文字必须是字母。因此世宗成为这种构想的推动者，而这种构想的起源——现在我们知道了，但世宗当时不知道——可以远溯到三千五百年前恐怖之谷的岩壁涂写。

世宗当时已届中年，患有糖尿病，神经紧张，眼睛不适，但是仍然埋首工作之中。甚至在他前往温阳的疗病温泉及井州的辣椒湖时，依然还在整理卡片。忧心忡忡的大臣起草谨慎的书函："圣上独负此重担，岂非有碍于龙体康复？"世宗不以为意。

1443年至1444年冬季，世宗在位已经二十六年，他的伟大作品不再只是秘密构想，已经公诸于世，正式发行，名为《训民正音》（其实，对后来的史学家而言，这种字母的出现就像天启般，因为直到1940年重新发现时，《训民正音》已经佚失达五百年之久）。世宗以汉文作序，文中以典雅的方式概述本书的目的。本文的朝鲜谚文版本，现在的小孩子都会背诵：

国之语音，异乎中国，与文字不相流通，故愚民有所欲言而终不得伸其情者多矣。予为此悯然，新制二十八字，欲使人人易习，便于日用矣。

世宗对于这种字母的好处及其简单易学非常自信：

上智者不到一个早上就能学会，下智者可于十日内学会。所有用法均已罗列，可运用于各方面。甚至风声、鹤唳、鸡啼、狗吠等等，都可书写出来。

正如他所预见的，官员们惊骇不已，学者崔万里大声疾呼表示反对。崔万里写道，只有蒙古人与西藏人等非汉族的蛮族才拥有自己的文字。难道圣上真的想要我们"舍中国自同于夷狄"吗？万一此"标奇立异"盛行该怎么办？"我国家积累右文之化，恐渐至扫地矣。"

世宗了解这一点。他不想造成对立，所以只是稍加反驳。这是标奇立异？没这回事。"我年事已高，早已与各类书籍为友。我所以创造这些字母，并非喜新厌旧！"此外，他从学者方面获得支持，众人认为国王的字母是不世之作。《训民正音》完全与传统无涉。其中一位学者谈论国王的序时，写道："新字已臻完美……吾王乃天纵英才，智逾百王。"

这绝非只是阿谀之辞。这位学者的判断经得起时间考验，因为大家都知道"谚文"有几个惊人的创新特色。谚文是根据朝鲜音素的精确分析而得来，元音和子音的分别非常清楚。也许最重要的特色就是基本谚文的形状是具有意义的（罗马字母形状的意义则已佚失于历史之中）。世宗所创的谚文，其形状是根据发音时舌头的位置而定："k"则舌头呈直角状，因为舌根把咽喉阻塞住，而"l"则呈相反的直角状（舌尖在上颚前方）。谚文还很巧妙地用到中文规则：这些谚文合成一千零九十六个朝鲜音节，所有的音节都可写成方块文字；不过这些音节也可以分开书写，横写或直写均可，不会影响理解。对朝鲜语最有经验的西方学者加里·莱迪雅德（Gari Ledyard）说过："书写的历史繁复悠久，像这样的发明是绝无仅有的。"

朝鲜谚文的创造是基于实用性，不过也反映了世宗的宋明理学思想。整组谚文分为互补的阴阳两边，阴代表雌性、消极、黑暗、干燥、寒冷的法则，而阳则代表雄性、主动、明亮、湿润、炎热的法则。这两种力量互相影响，产生金、木、水、火、土等五行。在朝鲜谚文中，元音都与三种儒家符号有关：垂直线代表人，水平线条代表地，圆圈代表天。此外，元音不是"明亮"就是"黑暗"，而子音不是"坚硬"就是"柔软"。子音也与五行有一些象征性的连结，就看这些子音是后齿子音、前齿子音、舌音、唇音或是喉音。

然而，尽管世宗具有很大的权力，他所创的谚文也非常优美，但是并未撼动整个传统。谚文只用在他几个得意的构想中，以及佛教的文学、诗歌、小说中，整个统治势力无法被说服，官僚与学者仍然继续使用高贵的汉文达四个世纪之久。一直到1896年，才有第一家以谚文出版的报纸。不过在1910年至1945年日本占领时期，强制不准使用谚文。朝鲜战后分裂，北部在金日成的领导下，继续使用谚文；南部仍犹豫不决，但由于世宗被视为民族主义的代表人物，是完人的典型，他的肖像印在纸币上，街道、公司以他的名字命名。此外还有纪念他的国定假日及安奉的陵墓，因此使用谚文的人口急速增加。在20世纪90年代，他的伟大发明终于获得成功。

这就是任何语言可以期盼的完美字母。不过，仅依靠最好，还不足以战胜保守主义。世宗陷于两难的情境。他的字母（谚文）是一个复杂的社会所创造出的杰出产物，若要继承这种字母，社会则应该是一种完全相反的情况：一个不习惯拒绝的弱势民族。

  在那里，没有保守主义来鼓励追寻完美的欲望，不过，稍稍不完美也是可以的。把这点谨记在心。我们回到另一个故事：这个故事述说一个微不足道的民族如何称霸，以及在此过程中他们的新字母所扮演的角色。

第五章

进入西奈

车子沿着苏伊士湾往南开,左边干燥的山脉陡拔于西奈中央高原之上,尖突的山峰呈拱卫之势,冬季时峰顶偶有积雪。它的右边是苏伊士湾,是一颗如梦如幻却又毫不突兀的绿松石。前方内陆某处,巨大悬崖下方可以看到圣凯瑟琳修道院,建于6世纪,所在地点相传就是摩西领受十诫之处。转往修道院之前几英里的地方,就是阿布·卢狄斯,是个破旧的石油公司厂区。这里,左转——如果你有四轮驱动车——往内陆开十六英里,横越遍地燧石的丘陵地,然后沿着西迪谷开十五英里。离开车子,在稀疏的刺槐树下喝口水,然后爬上陡峭的小径,抵达上面光秃秃的岩石。你在岩石表面会看到雕刻,旁边全都是墙的遗迹,这些遗迹过去是商店和房屋。你已经抵达舍罗比特的绿松石矿区,又称"奴隶之巅"。就是在这个崎岖壮丽的环境中,古埃及囚犯——他们的命运就像西伯利亚的盐工——挖出精美的天蓝色宝石,然后卖到上古世界各地,产生深远影响。

　　埃及人和当地部族——在古埃及人眼中只是另外一群属闪族的"亚洲人"——在这些恶劣的山区中定居了好几千年。从闪族传说得知,古西奈半岛——西奈之名也许得自古迦勒底(Chaldean)月神西娜(Sin)——住了土著(山地人)、巨人、阿马莱基特人(Amalekites),甚至还包括以扫(Esau)被诅咒的后代。早在公元前第三千禧年,埃及人开始派出考察队到那里,目的是把该地变成缓冲地区,同时使该地成为绿松石供应地（工人则是用亚洲人，或征工，或俘虏）。一千五百年来，考察矿脉的队伍来来去去，出现的节奏反映王朝的兴衰变化。一座普通的神殿矗立在绿松石女神哈索尔之前。神殿里可见祭坊、浴室、门廊、雕刻的石柱。当埃及瓦解的时候——就在所谓的中王国时期，第一次瓦解大约是在公元前2175年至公元前2040年之间，第二次是在公元前1750年至公元前1550年之间，最后一次彻底的瓦解则是在公元前1200年左右——这里的一切都被人抛弃遗忘（在此依旧提醒一下，古埃及的纪年并不精确）。

英国考古学家威廉·弗林德斯·皮特里（William Flinders Petrie，1853—1941）是第一位抵达此地的研究人员，时间在1905年。在他长久显赫的研究生涯中，大部分时间都待在埃及。在研究生涯的巅峰，他发展出严谨的技巧，这一点和其他同时期的人非常不同，因为其他人只是寻找物品卖到国际艺术市场。皮特里的阿拉伯语还过得去，所以当他出发前往西奈半岛时——在这个地方，"无情的自然给予你的是石头和毒蛇，不是面包和鱼"——他已经完全准备就绪。他的考察小组有三十四个成员，这是自从三千年前埃及人离开后，驻扎在矿区人数最多的一次（虽然他并不是第一个抵达此地的外来者）。在19世纪中期，一个古怪的英国人梅杰·麦克唐纳（Major Macdonald）曾住在舍罗比特，想挖掘绿松石。

沿途皮特里情绪亢奋。其中有个狡猾的赶驼人叫做卡立·伊特开尔（Khallil Itkheil），"一个奇特的无赖汉……他会肆无忌惮笑着，露出白牙，也会翩翩起舞，但始终看起来恶狠狠的，仿佛任谁都会被他杀掉"。这段旅程他们的驼队走了五天，然后在那里停留三个月，生活条件简陋。骆驼吃有刺植物和柽柳维生，小河水质清澈，赶驼人在严寒的气候中露天宿营，有时还遭遇雨天。皮特里高兴极了：极端干燥的空气与高谈阔论（和"死气沉沉的书本"不同），远离时空的束缚，"这一望无际的旷野，一个又一个丘陵，没有任何阻碍与限制"。这一切有效吗？如果真的有效，那么这一切也是"一种令人沉醉的愉悦，一种最甜美的快乐"。这一切让皮特里变成了沙漠中的华兹华斯（Wordsworth）[1]奇怪的转变，因为皮特里恰恰给人留下了维多利亚时代的严谨形象。

他先检视木加拉（Mughara）的矿场和小屋［即洞穴谷（Valley of Caves）］。当地有一个石刻浅浮雕，上面刻着一个法老，痛击当地族长，要求他归顺。这个浮雕意在警告，埃及不允许受到任何外族的统治。八英里外就是舍罗比特，以及乱成一团的矿穴、坍塌的围墙、倾圮的石碑。过去这地方很不得了：祭坊、庭院、神殿、工厂、棚屋等等构成一圈两百英尺的建筑物，旁边围着一圈岩石堆栈的防御墙。这些建筑是用来保护神圣的绿松石，同时也向绿松石女神哈索尔（到处都有纪念的岩雕象形文字与雕像）致敬。

接着出现一些皮特里从来没看过的奇怪符号，是刻在岩石上的"字板"，共计八块，呈碑形。他很困惑。"这些铭刻不是埃及象形文字，也不是僧侣体或其他俚俗的形式。"这些文字是一个明确的系统，但是皮特里只能猜测这些文字的含义。"我打算把这些看成地中海地区很久以前使用的一种字母，当时字母的形式众多，直到后来腓尼基人才把字母形式固定下来。"他认为这些字母是以色列人从埃及迁往迦南的途中所创的。

英国考古学家加德纳看过这些铭刻后，认为最早的字母是从象形文字来的。1916年，他在一篇见解独到的文章《字母的埃及起源》（The Egyptian Origin of the Alphabet）中提出上述观点。他写道，埃及文字在西奈遇上闪文字，一系列图案重复出现好几次：

---

1 英国浪漫诗人。——译注

马、眼睛、赶牛用的刺棒、十字形物品。有一个特别的顺序出现在一个红色砂岩的狮身人面小像上，上面刻着象形文字及当地的"字母"。象形文字的内容是："受到绿松石女神哈索尔宠爱。"也许这尊雕像是给解译者的礼物——一段双语对照的内容。果真如此，如果这个语言是闪语的话，那么以下字母：⊡ ⌀ ⌒ ✗ 可以读成"b-c-l-t"，上标的"c"是希伯来语"ayin"，是一种欧洲语言没有的刺耳喉头音，通常都没有办法音译。上述字母所指的可能是阴性的巴力神（baal），对应的就是闪语中的哈索尔女神。从房子的符号——把象形文字的"h"改编为"b"然后用来称呼"bayit"——似乎可以清楚地看出，这些字母可追溯至象形文字。其他的铭刻有牛头符号，是一个常见的象形文字，也是闪语的"alep"。

皮特里的发现再加上加德纳的分析，引起了世人狂热的兴趣。在20世纪20年代和30年代，有数十本探讨字母起源的书籍。其中有许多都抱着一个梦想，就是认为从这些发现之中，可以证实圣经的真实性。五个考察队（四队来自美国，一队来自芬兰）彻底搜索这个地区，找到了更多铭刻。一位重要的美国考古学家威廉·奥尔布莱特（William Albright，约翰·霍普金斯大学教授，最权威的东方学家）替这组文字取了现在通用的名称：古西奈语（Proto-Sinaitic）。他认为这组文字属于西闪语或迦南语。他认为自己有办法认出二十三个字母，其余四个仍无法解读。根据这个基础，额外的成果就是文法与字汇的归纳（但后来的学者对此看法存疑）。针对这些词与词组，不同的专家提出他们的翻译，但是都不是很具有说服力。最极端的是德国人赫伯特·格里美（Herbert Grimme），他在每个裂痕与每种颜色差异中都看到字母。例如，他把四十五个潦草难辨的字解读为寓意重大的讯息："我是亥特薛普苏，石匠的领导人……这是无用的！给我生命！……我免去所有的罪。"

1941 年，皮特里在巴勒斯坦病重，他的心智却如同往常般活跃。著名的英国考古学家莫蒂默·惠勒（Mortimer Wheeler）见到皮特里时，皮特里已经奄奄一息，但是惠勒却感到很惊讶："这个浩瀚的心灵具有无比动力，他的生命中没有任何琐事，而且从不休息。"皮特里非常了解自己的心智能力，他希望这个世界能了解他的才华的根由，因此他把自己的头颅捐给伦敦的皇家外科学院，供脑部研究之用。他的遗体葬在耶路撒冷的基督教墓园；不过，由于地中海当时是个危险地区，他的头部（还有纤细的白发及持重的花白胡须，这使得他有着让人印象深刻的形象）一直存放于医院的实验室，直到战争结束。1945 年，一颗头颅被用船运到英国，上面标示着"古物"字样。今天，这颗头颅存放于大学的猎人博物馆。以色列考古学家萨斯——他是对皮特里的研究做了最彻底研究的学者——对这个故事很着迷。他找了巴勒斯坦的古物部门的旧档案之后，发现有一个档案不见了。也许这个档案跟皮特里的头颅有关系。不过为什么档案会不见？他到伦敦做研究时，把这件怪事告诉皮特里以前的秘书欧嘉·塔夫涅——一位卓越严谨的女士。萨斯说："我说我想到大学去查看这颗头颅的下落，她说'不行'。所以我就没去。"也许塔夫涅知道一点内幕，因为博物馆里的头颅并没有皮特里那一头壮观的白发。几个认识皮特里的人被找来辨认这颗头颅，结果是不了了之。这仍然是个众人探讨的谜团，还有待解答。

1972 年，萨斯接下工作，担任西奈地区（以色列军事占领区）所有古物的负责人，当时他还是个新进的考古学家。两天后他到了舍罗比特。接下来的五年中，有三百多天的时间他是在舍罗比特的严峻荒芜的环境中度过的（此地可看到整个中西奈地区）。走上陡峭的山路得花二十五分钟（身上还有二十二磅的背包，以及从三英里远的水井打来的水），不过与能够体验到的事物相比，这种辛苦根本算不了什么。他必须了解每个蕴藏绿松石的地层、铭刻，以及矿脉。这是他的生命巅峰。特别是在 1978 年，他和一位女性同仁走进一个阴暗奇特的洞窟，发现了两块没记录过的铭刻，两人乐得抱在一起。有一块铭刻上面有四个字母：m-y-m-h，其中一个字母就是以古西奈语记录的第一个"yod"（y）。萨斯对这个考古现场以及出土的古物非常着迷，他知道这些铭刻并未经过详细考察，他决定开始进行。这些工作成果变成一篇论文，在 1988 年汇集成书，成为这些复杂的字母最权威的论述，后人几乎难以望其项背。

现在已有三十一块铭刻被认出是古西奈语，其他十七块则还不确定。大部分刻在矿脉的入口处，有些则刻在松落的岩石上（由于岩石塌落的关系），还有一些刻在小雕像上。这四百个左右的字母保存状况很差，到了后来也没有办法找到足够的连结关系，可以和象形文字形成双语的对照。有九个字母很明确（B、H、L、M、N、Q、T，以及两个希伯来声门音"aleph"和"ayin"）。还有八个字母较不明确，其中包括萨斯的"yod"。此外还有二十几个奇怪的符号，以及一些零碎的文法片段——这堆东西目前看来很重要，但是没有任何意义。有些铭刻是直写的，有些是横写的，不过阅读的方向并不清楚。有些字母一会儿写这个方向，一会儿又换成镜像的方向，仿佛抄写人还搞不清楚书写规则。有些字母表示词的意义："矿工工头"、"礼物"、"永恒"。萨斯学识渊博，他把铭刻评估了以后，并不赞成早先的"翻译"，因为那些只是一厢情愿的想法。唯一的例外是加德纳解读的"Baalat"，他的解读"仍然是这些主题最重要的研究成果"。

和解译工作一样，年代如何确定一直是备受争议的问题，到现在差不多已经一个世纪。专家们对持续提出的各种理论互相驳斥，仍然没有明确的结论，只有一些含糊的看法。萨斯在20世纪70年代到80年代提出了很出色的见解，他的根据是一些"间接偶然的证据"——因为在公元前1900年左右（即中王国时期晚期），埃及文字系统书写外国人名时，大部分都是以字母书写。大约此时，埃及人在舍罗比特的活动达到最高峰。不过萨斯承认解译工作很难，未来如果有新证据出现时，他愿意修正自己的看法。公元前1900年似乎是合理的时间，因为他认为象形文字与字母是在同一时期出现的。不过也许不是。"这些铭刻出现的时间可能是埃及人不在的时间。"他说。换句话说，就是第二中间期，约从公元前1650年到公元前1550年。

我们还有另一个谜团待解：这些铭刻是谁写的？从那些薄弱的证据实在难以推测出来。有一块阿门尼美斯三世（Ammenemes Ⅲ）统治时期的埃及铭刻，内容提到一位"亚洲"王室成员赫布戴德（Hebded）。他和雷提努地区（巴勒斯坦北部）一位不知名王子是兄弟的关系。既然有王室成员出现，至少表示埃及人所用的闪人之中，有一部分并不是悲惨的奴隶。相反地，他们都是监督者。这很有道理：有一派认为闪人不可能在这里发展出字母，他们持的理由就是囚犯没有时间、精力、教育来从事刻写字母的活动。但是既然他们是监督者，这三种因素他们都具备了。此外，他们被派到这么偏僻的地方来，心中也备感烦闷。不管怎样，这些铭刻数量不多，手法粗糙，这表明从事刻写的人并不多，也许只是某个远征队的成员。也许刻写的人无所事事，只是在岩石上留下一点记号，而他们使用的字母是祖先几年前——几十年前？一两个世纪前？——发展出来的。

这时候，我们的故事重新回到一群籍籍无名的亚洲人身上。慢慢地，他们就要声名大噪。他们就是我们现在所熟知的希伯来人，是以色列的创立者。他们创作了一些世界最早、以字母形式写成的作品。他们的兴起（尤其是他们出埃及的故事）和一神教——因此也有了犹太教、基督教、伊斯兰教——以及字母的发展有密切的关系。

在出埃及、一神教、字母书写等三个主题中，我们可以看到神话与历史间的微妙关系，本章其余篇幅都是用来探讨这种微妙的关系。一神信仰所以发展，依赖的就是那种能把信仰记录下来的能力，并且使这种信仰容易接近；记录信仰，并且使这种信仰容易接近，则有赖于字母的发明。依此观点，神不再只是以色列的神，他是字母之神。无神论者可能断定，基督教与犹太教的神是被发明出来的，因为技术出现，给予这种信仰明确的定义，并且注入本身的文化之中。信仰者可能会说，神具有智慧，让自己经由这种新的沟通方式而显现出来。不管原因是什么，新的神与新文字合作无间，创造出一个新的国家，并且把一种可以改变世界的观念传播开来。

一个常见的问题出现了：这是什么时候发生的？圣经把这些事件视为史实，因此应该可以确定年代。另一派说，出埃及和相关的事件是过了相当长的时间才被提起，那时正值圣经被写出来，或是被编撰出来的时候。在历史与神话的纠葛中，有一点很明确：唯一可用的资料只有旧约前五书，这五书中大家熟知的习俗，是在事件发生几个世纪之后，才以现在的形式呈现出来。不管提出何种理论，一定得把这些事实考虑进去。

希伯来人的起源也颇有争议。早期他们的名称是"ebri",有些学者认为这和一个叫做"Apiru"的部族（也可能是宗派、团体或阶级）有关。"Apiru"早先似乎是用来称呼任何"外来者",尤其指那些出没于迦南北部旷野的马贼。有些则含糊表示,希伯来人是夏苏人（Shasu）的旁支。夏苏人也是恶名昭彰的掠夺者,他们的根据地在死海东方及南方,从这里向外四处劫掠。他们和希伯来人一样,似乎也很敬畏希伯来神耶和华。

总之,旧约前五书中的故事如下：

亚伯拉罕在圣经中是希伯来人的族长,也是未来国家的始祖。他的父亲来自美索不达米亚的乌尔。亚伯拉罕抵达迦南,接受迦南信仰,包括崇高的神以利（El）,以及以利的儿子雨神巴力。亚伯拉罕的孙子雅各布生下十二个儿子,后来成为以色列的十二个部族的创始者。雅各布把家族迁往埃及,躲避饥荒。尽管他们受到奴役,却兴盛起来。后来,有个法老压迫他们,强迫他们在皮托翁与拉美西斯的"金银城"（treasure cities）工作。一个埃及王室家庭收养了一个希伯来男孩,名叫摩西,后来摩西成为他的族人的救主。摩西和族人信奉新神耶和华,祈求他们能够得救。耶和华降下十次瘟疫,展现他的力量。法老屈服了,后来却又食言。在摩西带领之下,"以色列子民"逃离埃及。他们横渡海洋时,大海神奇地分开,让他们走过去,当追赶的埃及军队到达时,又合起来。摩西带领族人进入西奈旷野,经过四十年时间,在那里建立了犹太教的根基。他的继任者乔舒亚继续领导族人,在"迦南乐土"建立起国家制度。部落制度消失,变成君主政体：扫罗之后是大卫,接着是所罗门,他建立了神殿。以色列创立。

对于每个具有基督教或犹太教渊源的人,以上的故事几乎是童年记忆的一部分。这个故事具有清晰的历史脉络,与其他相似的历史事件，像美国独立战争或纳尔逊将军之死，颇有异曲同工之妙。当史学家不再只是单纯地叙述圣经故事时，他们就发现这个故事有一大堆问题存在：不论他们是承认出埃及以及打败埃及人的真实性，还是认为两个事件都是虚构的，甚至是采取折中的看法。以世代来计算的话（这是圣经中唯一可找到的时间顺序），其间的先后顺序不容质疑：亚伯拉罕出生于公元前2100年左右；雅各布在公元前1926年来到埃及；出埃及的开始时间是公元前1496年；乔舒亚从公元前1456年开始活跃；所罗门在公元前1016年下令建立第一座神殿。全部都准确无误。

不过这些和埃及历史或一般常识根本不符合。以下举出一个谬误：如果照宗谱来看，圣经中提到的"金银城"是在两个世纪后出埃及时才开始建造的。根据推测，出埃及时，以色列人会从异常驯服的埃及人那边"借走"或是"盗走"金银，随后有六十万个男人大规模迁徙，再加上女人和小孩，整个数目增加到了……至少一百五十万人，此外还有"牛羊家畜"。这样几乎等于"全世界"的百分之一到百分之三的人口（根据两个胡乱的估算数字，在公元前1000年，全世界人口约为五千万至一亿四千万）。然后是大军追赶——要多少军队才有办法追赶一百五十万个逃亡的人？——随后被大水毁灭。后来乔舒亚应该迎头对抗想要重新夺回迦南的埃及大军，不过圣经并没有提到当地的埃及军队。沙漠的游牧民族可能攻占防御严密的城市，那是连埃及人都攻不下来的地方。然后这些游牧民族开始使用铁器，此时他们尚处于铜器时期。

那么埃及方面有没有相关的证据？出埃及的证据、在旷野中的年代的证据、埃及军队毁灭的证据？有没有考古的相关证据？

根本没有。没有任何单一证据提到迦南地区曾经有国家迁移、军队追击、大毁灭及以色列军队。西奈并没有国家存在的迹象，更别提圣经中所说的存在四十年,也没有传说中乔舒亚毁城时的大破坏。挖掘耶利哥之后,根本没有那个时代的围墙痕迹,更不用说有什么倾圮的围墙遗迹(据说以色列人一吹号角,城墙就塌陷)。另一方面,耶利哥的确坐落于大断层上,曾经被地震摧毁三十次。在乡间进行挖掘,并没有找到任何战争的线索,只找到牧人逐渐定居下来的证据。由于缺乏证据,研究人员的意见分成两派:一派开始重建当时情境;另一派认为应彻底地解构整个故事。有些历史学家认为,以色列很可能创立于巴勒斯坦的土地上,不是在旷野之中;还有些历史学家则认为,如果只把所罗门当成历史人物看待的话(因为他那些传闻中的光荣事迹,考古学家没有办法找到一丁点证据),那么整个故事就比较合理。

考古学家与埃及古物学家唐纳特·雷德福(Donald Redford)说明,为了驳斥上述的非正统看法,一些圣经学者试过很多方式,来解释经文和考古证据的分歧之处。他们把数字加上象征意义,弄出时标,然后加以特别强调,不过都没有什么用处。雷德福这么说过:"如果《摩西五经》、乔舒亚、最高审判者等圣经材料都变成开胃菜般是可有可无的证据,那么以色列在君主政体形成前的'历史'就会有许多臆测之作,因此有许多学者正跃跃欲试。"许多学者认为出埃及的故事是虚构的,这点实在不让人感到惊讶。

不过仍有许多部分有待解释。这个民族成立国家的时间,可能是在公元前13世纪晚期。一块七英尺大小的花岗石铭刻〔一个世纪前在底比斯找到的,时间可追溯至公元前1208年至公元前1207年,即麦尔涅普塔赫(Merneptah)统治的第五年〕上面写着,麦尔涅普塔赫在迦南部分地区重新建立统治势力,在这段期间"以色列人日益衰颓"——这是以色列首次出现在圣经以外的记载(请注意,没有证据显示,同样这群人的祖先在不久前曾经当过埃及人的奴隶）。[1] 的确，以色列在公元前 9 世纪中期已经存在 —— 第一个可证实圣经人物存在的独立证据，就是出现在这个时间，当时摩押国（位于死海东方）国王米沙（Mesha）刻了一块石板，记录他父亲被以色列北方的国王恩里（Omri）打败的情形。到了公元前 9 世纪中期，以色列正在建立新宗教，对未来的历史将有难以估算的影响。

那么针对上述种种及希伯来书写的起源，可有哪些值得一提？全部都不确定，不管你对于入埃及、定居埃及、出埃及、击退埃及等事件是持赞成或反对的看法，全部都无法确定。一经检验，每个观点都变得没有定论，众说纷纭。由于这个故事是在事件发生后数个世纪才结集而成，我们几乎不可能把宣传、口述民间传说、文学传统、各种故事来源，以及史料一一拆解开来。真的有亚伯拉罕吗？真的有摩西吗？为什么以色列存在于公元前 1207 年（以色列这个民族第一次被提起）到公元前 1000 年（以色列政治地位蹿起）之间？这个故事是否纯属虚构，目的只是让这个新兴国家具有主体性？

最好是从书写的故事开始。以色列人建立国家之后，开始记载自己的历史，然后把成功之道解释给自己听。《摩西五经》—— 即旧约前五书 —— 是分几阶段完成的，可能是在事件之后四百年才开始书写，接着又持续增修了四百年的时间，最后在公元前 400 年左右他们编成了最后的版本。在那个时候，以色列人开始摆脱耶路撒冷毁灭的灾难，以及两个世代在巴比伦的流放生活。这是他们扎根和重新定位

---

[1] 在 1896 年的石板发现以前，一般都认为麦尔涅普塔赫是以色列人出埃及时在位的法老。但是很明显的，如果他打败以色列人，他就不可能是这位法老。因此，一个发现也可以重铸"历史"。

自己的身份的时候。

在19世纪和20世纪时,专家(最主要是在德国)投注很大的心力,想要确认圣经中不同的作者或编撰者到底是谁,其中两个最主要的作者就是所谓的"J"作者——他可能在他写的章节中,称呼神为雅巍(Yahweh,德语称为Jahwe);另一个是"E"作者——他用的是较正式的名称伊罗兴(Elohim)。[1]

现在我们会认为当时的计划太过简化,因为一般都认为《摩西五经》是口语传统与文学传统裁剪缀合而成的。在无垠广大的时间洪流之中,每个事件都可能被简化、夸大或是润饰,以阐明犹太人的基本理念:以色列人是上帝的选民,在他的指引下,来到应许之地。要讲述这个故事,最好是用英雄、伟大事迹、转折点等元素来阐明。

我们就替这个伟大的文学产物假想一个场景。编撰者收集了可能发生的古代故事,从一些当时毫不起眼的事件人物中寻找他们的主体根源。他们研究资料来源,一再草拟当时的情形,把看似历史(可能是史实,可能不是)的片段资料组合起来,窜改地名和时间,直到整个叙事变得非常可信。也许他们的确在埃及现场做过研究,没有找到他们的起源,他们的祖先毕竟只是亚洲人,竟然敢以希克索斯人的身份夺权。因此,有关他们祖先的事迹被埃及人无情地压制下来,大部分的纪念建筑也被摧毁。希伯来研究人员也发现,在首都塔尼斯,崇拜拉美西斯大帝的仪式仍然存在。他们认为这个法老就是压迫他们祖先的人。他们的祖先在监视严密的皮托翁与拉美西斯中,受到压迫[不过城市名称他们搞错了:埃及称这个城市为皮·拉美西斯(Pi-Ramesses)]。他们有一部分是以自己的法律系统来书写,根据

---

[1] Yahweh是以色列上帝的名字,见于犹太族长的圣经故事中,一般意为"他是"、"他将是"或"他将成为",基督徒将此词读成耶和华;Elohim原为希伯来语,意为"神们",是以色列人对上帝的敬称。原词为复数义。——译注

这种法律系统，奴隶如果没有获得协助，就不会获释：因此才有埃及人"借出"的金银。他们知道早期的法老阿肯那顿（Akhenaten）崇拜一神，显然是一种表现自己的统治的宣示。由于他们现在也很幸运地获得成功，他们立即采纳这种一神信仰的概念。他们通过神迹把神寓于他们的故事，巧妙地糅合起来，显示出他们的神远超过其他的神。他们以为远古时期的人口跟现在的以色列人口（公元前8世纪到公元前6世纪）数量一样。将祖先的小小迁徙行动变成史诗，他们写出了一个英雄领袖——他喜爱所有的亚洲文化，把埃及视为文明与压迫的根源。至于从那时候起经过了多久的时间，他们并没有线索，所以他们得全力研究宗谱。他们把信仰（缓慢发展）的起源定在艰难的西奈旷野中，同时赋予它象征性的时标，因为这样才能成为好故事。至于他们的宗教体系如何出现，则是以几个戏剧化的事件精练地呈现出来。

我们只要看看他们的神耶和华是怎么出现的（根据你自己的观点，你可以说他是出自人类的意识，或是进入人类的意识），就可以厘清这个问题。耶和华的起源是个永无休止的争论。"Yahweh"的拼法后来变成"Jehovah"。这两个名称都来自希伯来拼字法，子音的"四字母词"（tetragrammaton）可译成"YHWH"或"JHVH"。在最早的时期，以色列人仍然崇拜迦南人的主神以利。的确，这个部族的名称已经具有很多的暗示："Isra-El"，其中一个诠释就是："愿以利显现他的力量！"因为有证据显示，由于夏苏人的神被称为雅巍（Yahweh），所以以色列人可能是从夏苏那里获得这个名字，而圣经的作者则把雅巍放入他们的历史中。1976年，在内盖夫（Negev）的昆地雷·阿治卢尔德（Kuntillet Ajrud）一个遥远的考古现场，发现了一块公元前8世纪的铭刻，这块铭刻提供了一点证据。此铭刻中提到"雅巍与他的伙伴"，这句话指的就是以利的一个伙伴。其他同时期的铭刻也隐约提到有三个不同的雅巍存在。应该是在雅巍已经成为一神之后的几世纪,这样的情形才发生。也许有一天其他的铭刻会提到孩子,因为就如萨斯所言:"一个神如果不生育子女,干吗要拥有妻子?"所以实际的情形可能如下:在公元前8世纪崇拜耶和华的人,仍然还未决定这个神的属性到底是什么,这种混乱就反映在圣经中。在某一时刻,圣经将耶和华和摩西牢牢扣在一起,在其他时刻,又把影响力一直回溯到亚伯拉罕身上。这些不一致的地方似乎没有干扰到圣经的作者。他们乐见亚伯拉罕、以撒、雅各成为名誉的"旧约圣经初六卷的作者"(Yahwists),这就好像欧洲的哲学之祖亚里士多德与柏拉图,成了中世纪学者口中的名誉基督徒一样。

以上这些分析使得早期的圣经故事似乎显得乏味不堪。不过应该记住一点,那就是神话通常隐含着某些真相。写出一个与埃及及其他中东地区的正史不相关联的情节——即写出另一种版本,描述事件可能会怎么发展——并非不可能。在我的版本之中,我探查过去,为求增添趣味性,我加入了心理描述及详尽的佐证资料,当然这些都含有我这个现代人的偏见。

我们假设,亚伯拉罕及其子孙是散布于迦南与埃及的希伯来家庭的体现。他们有些成了定期往来的商人;有些成了犯人与工人;在异国的土地上努力谋生;还有些在埃及找工作,在那里,他们在工头的监督下,证明自己的工作能力不亚于工人;有些人则嫁入埃及家庭,不过仍抱持族我之别。也许这些希伯来人可以和中古欧洲的犹太人相比拟,他们维持一种战战兢兢的平衡,既被鄙视为"异族",又受到宽容,担任一些劳心、劳力、技艺的工作。有些的确被当做奴隶,像

第五章　进入西奈

其他的亚洲人一样——《出埃及记》的作者提到埃及人制砖时用到麦秆，这种强化砖块的方式并未在迦南使用。

那一刻到来了：一些具有影响力的希伯来人看出，全然脱离埃及的束缚才最符合他们的利益。以往他们没有机会这么做，东边国界有重兵巡逻，像是筑了一道铁幕，倘若未获允许是无法进出的。要进行大规模的迁移行动一定得有一个居高位者（我们不妨称他是摩西）来发号施令，恳求法老"让我族离去"。一旦法老改变心意，他还得下决定脱逃。

不管是用了哪一种理由，最终他们离开了埃及，或大批离开，或少数人一起行动。这就是埃及古物学者亚伯拉罕·马拉麦特（Abraham Malamat）所称的"摩西运动"。

设若真的有某种迁移的活动发生，那么可能是什么时候开始的？某些学者认为可能是在拉美西斯二世（Ramesses II）统治期间发生的。他是个帝国主义者，大约在公元前1273年，埃及与赫梯人发生卡迭石之役（Battle of Kadesh），这才让他的雄心壮志为之一挫。就在一夕之间，埃及似乎变得不堪一击。整个迦南地区开始造反，也许这就是那些受欺压的弱小民族的好机会。埃及重新恢复统治，花了十年时间。又过了十年，年老的拉美西斯二世与赫梯人缔约媾和，才有接下来一整个世纪的和平与繁荣。拉美西斯二世也热心建造宫殿，可说是埃及的暴君典型，因此他最有可能欺压希伯来民族（未来的以色列人），让他们在他的"金银城"里过着受奴役的生活。

所以不要假设有任何大规模的迁徙。不过即使是一个小规模的迁徙，对于当地的官员——不是法老本人，而是某个视自己为法老的分身的人——来讲，也算是挑战。这种行动含有一种追求，其重要性虽不足以登载在埃及官方的资料中，而在那些迁徙的人的集体记忆中，却足以烙下痕迹。这并非不可能。有时候奴隶的确会逃跑。公元前13世纪末时——大约是以色列人首度在麦尔涅普塔赫的石碑上提及的时间——一个军队指挥官在信中描述这种事件。他说他奉令追捕两个奴隶,他们是在晚上从皮·拉美西斯逃跑,偷偷越过西奈旷野的边界。他们显然逃走了。这个军官吩咐边界的同僚:"写信告诉我他们发生了什么事。谁发现他们的踪迹?哪个守卫发现了他们?谁在搜索他们?"

还有另一种可能。埃勒凡泰尼——位于阿斯旺(Aswan)对面的一个岛上,希腊语称为"Yeb",是埃及"南方的门户"——出土的一块石碑,可以看到这样的讯息。这块石碑上的铭文于1972年出版,内容提到在塞特赫纳特二世(Sethnakht II)统治的晚期(公元前12世纪80年代),一个反法老的集团收买一个不知名的亚洲团体参加叛变。这个密谋失败,亚洲人被驱逐。有一点也许很重要:密谋者承诺"金子银子",这就是圣经提到的,以色列人从埃及人那里"借来"的东西。在圣经中,法老知道以色列人是一股得应付的力量,在战争中他们可能"加入到我们的敌人中,与我们为敌"。从这时候起,埃及与亚洲人关系密切,直到后来双方关系破裂。也许加入叛变的亚洲团体的是希伯来人,他们参与内战,后来可能是被逐出,也可能是自由离开。

所以现在,有一些希伯来人(数量不详)开始迁移。也许有几百人带着家人和牲口,穿过浅浅的纸莎草沼地,来到尼罗河三角洲的东边——逃跑的奴隶常用这一招,这样可以阻挡追兵,让战车陷入泥沼。循着直接的路线,回到北边的闪土地(后世子孙称这是许诺之地)并没有意义。这块土地还未许诺给他们,已经有当地部族盘踞,而且海的沿线是埃及军队常走的路径。显然,再也无法回头了。就像其他逃亡者一样,唯一的选择就是在西奈旷野中生活下去,小心过日子,别留下任何痕迹让埃及的追兵或是21世纪的考古学家找到。

整体而言，西奈既属于闪人的领域，也属于埃及人的领域，变成埃及及亚述之间的三不管地带。我们可以想象，许多世纪以来，商人和士兵在此川流不息，大多数是沿着海岸通行，少部分人往南进入内地，来到舍罗比特。一旦你走过边界，就是旷野，一个荒凉的东方。更往北去，则是不断召唤他们的迦南，以及散居其间的希伯来人群落。

是否更深入崎岖的内地，很难下决定。这个领袖（我们的摩西）得让族人赞同这个理念。这些"族人"很可能不止一族，因为这群人可能是由一些桀骜不驯的部落组成的，他需要大家团结一致。也许，就跟许多伟大的领导者一样，摩西和他们完全打成一片，把他们当成自己看待。他和族人是一体的。如果这次行动失败，表示会有更多失败：死亡、灭绝、毁灭。

在旷野中，他有个特别的体验——很多政治人物在旷野中，不管是真的旷野，或是隐喻的旷野，也会有类似的经验——他得到神圣的天启，认为自己直接受神性的引导。如果摩西是历史人物的话，那么这种讲法就很恰当，我们可以利用他早年的埃及贵族身份做素材，更加详实地描述他。他是以埃及人的身份被养大的，他的名字模仿拉美西斯的第二音节部分。他对埃及神阿顿（Aten，即太阳神）应该并不陌生。这种一神崇拜是拉美西斯的祖先阿肯那顿——他对自己的称呼，意为"取悦阿顿"——所倡导的。不过摩西的神显然不可能是埃及的神。一定是他自己的神开口讲话，他称之为耶和华。

不管以色列人怎么称呼他们的神，不管这个概念的演进经历了多少时间，不管这个概念在何地出现，有一些掺杂的因素使得耶和华成为一个非常杰出原创的概念——一种只有以书写才能维持的概念。

首先，耶和华在圣经中出现时，是与任何宗教无关的。其实，有一个圣经故事已经把这一点当成熟悉的概念呈现。雅各离开迦南前做了一个梦，梦见他爬上梯子，到了顶端看见以利。以利给他一个承诺，在一个众神均仅具地域价值的时代，这样的承诺的确很不寻常："我也与你同在，你无论往哪里去，我必保佑你。"不过就像耶和华这个名称一样，以上的故事可能只是利用遥远的过去。无论如何，这个小部族接近迦南的时候，他们坚信他们的神会和他们在一起。对游牧民族而言，这样的神再合适不过了。

第二，这个神（一开始的时候）与神殿、雕像、官员、权力结构、财富无关。所谓神是圣洁的灵这种讲法，是到了很晚期才出现的，不过那种难以形容的特质，可以追索到耶和华对于"偶像"的禁令。又一次，对这一小群无依无靠的漫游者而言，这样的神再合适不过了。

第三，神同摩西建立了直接的关系。他的神同他讲话，其他的神也曾经和高高在上的祭司讲话，不过绝不是用这种方式，耶和华所说的是完全创新的内容，就像他的本质一样。从来没有神以这么直接的法律措辞，告诉凡人该做什么。这些话并不是那种只有侍祭才能解读的晦涩言辞。这些话是命令。

第四，这些命令属于相互关系的一部分。耶和华与希伯来人都生长在艰苦的时代，他们的存在受到其他神与其他民族的威胁。他们彼此需要。希伯来人只信奉耶和华，完全抛弃其他的神，为了酬谢他们，耶和华承诺给予他们独一无二的帮助。他的话语封在一个合约中，即《圣约》（Covenant）；《圣约》以钥匙锁住，保存于一个可以抬动的保险箱内，就是约柜（Ark of the Covenant）。

最后一点，这些律法适用于所有的希伯来人，不论身份高低。现在的领袖不像其他的国王，其他的国王高于律法，因为律法是他们所创造的（就像汉谟拉比所做的，他是亚述法律的创造者）。律法的创造者很可能会屈服于那些也渴望自己创造律法的人。不过，如果这个领袖也服膺神意（不论神意多么严苛），如果律法也是在岩石上劈凿出来的，如果这个身为领袖的人也是顺服神意的典范，那么其他的部众除了跟随领袖之外还能做什么呢？历史首次出现这种情形：权力不是最重要的因素。善——良好的行为与道德——是最高的德行，世间的权力也得俯首称臣（当然，这算是范围有限的道德规范，因为只适用于希伯来人）。对这个流亡的部族（他们受到险恶的环境的威胁，只好远离帝国的军队，在军队眼中，他们就如尘土般卑贱）而言，这种方法似乎是一个非常好的生存策略。上帝和道德在他们这一边，所以他们拥有最有力的攻击武器：他们自认为代表善的一方。

在西奈旷野中，或者说是隐喻式的旷野中，浮现的是一幅空前的（虽然并非绝后，稍后我们会看到）部族生存的蓝图。马基雅维利（Machiavelli）应该是会同意这一点的，因为《圣约》为严格的统治（常常是残酷的统治）提供神意的认可。他们可以把外来部族全部屠杀，他们可以烧死反对者，他们可以把敌对的教徒处死，就像是以利亚屠杀了巴力神的祭司一样。

从以色列未来的历史可看出，由于几个相关的因素，这个蓝图的确奏效：

- 他们的神是以他们的形象造出来的，所以可以成为他们想要的形象：游牧的、尚武的、支配的，然后以律法和契约结合在一起。
- 律法植基于先前的律法，新法不会破坏旧法。
- 律法固定下来——成为一种契约——因为律法被书写下来了。
- 律法能被书写下来，因为这群沙漠民族带着只有他们才有的简易书写形式：字母。

领袖权力以及社群生存（未来即成为国族生存）的关键就在于此。这个新的神不仅能订定规则，还可以使人们遵从，就像舍罗比特的铭刻所显示的，这不是某个天才所刻的。不论是刻在岩上，涂写在纸莎草纸上，或是蘸墨写在破陶片上，普通人可以当场看到神的话语，指导他们该做什么，而且话语永远不会变化，可以代代相传。以往从未曾有这么强大的工具，可以跨越时空达成一贯的目标。

在以上的推论中，我认为新生文化、有利的领导人、新的意识形态、识字能力等事项是有关联的。这样的关联在摩西之前可能不会发生，自从摩西之后就开始产生了。

在12世纪时，一些规模不大的半游牧民族居住在戈壁沙漠的北部区域。他们一起生活，一起战斗，持续开发中亚的草原有两千年之久。有时候各部族会合并，选出汗王，然后攻打邻近的中国，掠夺他们的财富。他们屡建帝国，屡被敌人打败。最后有一个蒙古的孛儿只斤氏小部族产生了一个首领叫做铁木真，他的雄心壮志使他睥睨群雄，于是统一蒙古各敌对部族成为共主。他改称自己为成吉思汗，结合邻国并纳其他国家，然后攻打中国，接着又攻打西方，攫取大部分的西亚土地，直达俄罗斯南方，种种作为奠定了基础，使得元朝成为人类历史上领土最广大的帝国。成吉思汗的成功，最主要的在于他具有非凡的人格特质，并非只是一个冷酷的帝国建立者，他非常的机敏，能因时制宜。他在公元1206年称汗时了解到，言辞不足以统治一整个帝国和庞大的军队，仅靠言辞会引来变乱：现在各部族已经解体；新的权力结构让他获得至高无上的权威；能够动员的军队几乎有十万人；战利品一一缴库；新法实施；长期争斗已经结束。以上种种需要有效的管理，需要有记录。他下令官员采用刚刚征服的乃蛮的文字。乃蛮的书写系统是得自维吾尔族，再往上追溯，维吾尔族的文字来自一个伊朗文化——粟特人（Sogdian）。而粟特人则可追溯至阿拉姆语,而阿拉姆语则来自古希伯来语。所以,这种文字相当类似于三千年前的以色列文字。这种文字一直在蒙古使用,直到1942年才被西里尔字母(Cyrillic)取代。不过居住在中国内蒙古地区的蒙古人仍然使用这种文字。直到最近,这种文字仍然是蒙古意识的重要元素。的确,在前苏联瓦解时期(1989年至1992年间),出现了恢复这种文字的运动,直到后来大家才承认,这种语言改变过大,无法恢复,这就好像使用乔叟时代的英语来记录现代英语一般。不过这种语言存活了七百年,印证了一点,那就是在一个有雄心有朝气的文化中——由于成吉思汗雄心勃勃,因此元朝是有朝气的文化——新的字母文字最容易生根发展,因为没有其他优势传统的牵制。此外,当部族转变成帝国时,文字是重要的构成元素,有助于发展新的国家意识。

所以我们回到原点。以色列人获得了一个含括重大真相的"历史":一个曾经受到埃及控制的小民族发展出新的宗教,成为一个新国家。

然而,除了这一点以外,再也无法从这些想象中找到任何真相。从你刚刚读的情节中,绝对无法知道这个故事只是粗略地记载当时的事件,还是后来运用合宜的、让人印象深刻的历史细节虚构出来的。以时下的出版用语来讲,这是"纪实小说"(faction),将神话与历史糅合一起,使得事件与人物鲜活地呈现于读者心中。如果我们寻找事实的话,那么几乎全部都是事实,只有结果的部分——这个国家的崛起——悬而未决。也许根本没有出埃及之举,也没有摩西这个人。也许书写的传播是从埃及希克索斯的首都阿瓦里斯开始,而不是从统一的埃及王国开始。如果真有逃离法老之举,也许规模很小,也许只是其中一次而已。

从某个观点来看,这并不重要,因为在这个故事中,历史(以现今的术语而言）是次要的。有些部分是正确的，有些部分是错误的。而从整体来看，其正确与谬误正如许多史诗一样——《伊利亚特》、挪威传说、《薄伽梵歌》（*BhagaVvad Gita*）、《尼伯龙根之歌》（*Nibelungenlied*）——让那些寻找真相的人一头雾水。这是一个没有结论的探察，因为圣经故事被嵌进民间传说"伪装"的历史之中。你也可以钻研11世纪的英格兰历史，然后再试着去解释《麦克白》。没有什么特别的关系。

然而，有些事情一定是真的，因为在公元前6世纪时，以色列人就是活生生的证据。在某一个时刻，他们的祖先学会怎么用子音字母来书写。这并不是说这些住在沙漠的以色列人是书呆子。在今天，识字能力被视为所有的人与生俱来的权利。若是没了识字能力，那么没有一个人能真正融入社会之中，不过这也只是最近的看法。甚至在中古时期，阅读也只是少数人拥有的技巧。在古代以及组织严密的小型半游牧社会中，除了担任记录与阅读工作的人以外，识字能力并无多大用处。考虑以下这个问题：为了写点东西，书写者就得拥有一卷纸莎草纸或皮革。不论在硬件或时间方面，每一次记录都是一笔大投资。如果使用纸莎草纸的话，那么就得从埃及进口。如果用的是皮革，其来源就是屠宰后供食用或祭祀的动物，还得把皮清洗一番，再涂刷石灰水、刮擦表面、撑大。这两种材质都不好写，皮卷或纸卷必须小心保存于贮藏所中（因此才有所谓的约柜）。阅读带来另外一堆问题，一旦把皮卷或纸卷拿出来以后，得把它摊开，这并不容易。大英博物馆中有一卷长达一百三十三英尺的纸莎草纸卷，其中有七十九张粘在了一起。皮卷或纸卷可以用于不同的用途：它可以是"肉眼可见的歌曲",唤起吟游诗人或祭司的记忆;它可以是权力的证据,一种王权,其中记载着他们的神的话语(以色列人即为一例);它可以记载法律的协议,在必要的时候,官员或是想要确认亡父事迹的孩子就可以去查对。不管到底是什么,皮卷或纸卷可不像平装书,可以随手带走供娱乐之用。识字能力只有少数人拥有。即使石头上的铭刻也并不总是当作阅读的材料,而是当做象征性的图案(类似今日的战争纪念碑——华盛顿的越南纪念碑的意义不仅在于记录个人的名字,也象征整个国家一同纪念)。亚述及埃及铭刻通常都包含图案,让人记起特别的事件与人物;对不识字的人而言,书写本身可能不代表什么,只是传达权力的感觉,或是灌输某种敬畏感。

不过在公元前 8 世纪的时候,整个文化仍认定识字能力是一种个人行为。任何人都可以拿一片老旧的陶器碎片,然后用芦秆笔及烧黑的木头灰烬所做的墨水来书写。[1] 陶器碎片是古代世界的便条纸,是用来随手做记录的,甚至是写信用的,不过常常只是潦草书写一番就丢弃掉。有些铭刻内容似乎只是个人的事情,这表示识字能力的确深植于文化之中。巴勒斯坦南部沙漠的一个洞穴中有个钟乳石,上面有人(也许是个隐士学者)写了一些祈福的话,同时还有一句诅咒的话,警告那些胆敢动他的作品的人——显然书写者心里没有想过要做什么公共用途。在 8 世纪的时候,耶路撒冷的居民挖了一条地道,把城东的泉水引到城里最老旧的地区。有一个铭刻记载了两边挖掘者交会的地点,同时还描述穿凿岩石的情形:当岩石表面被劈凿时,交界的石头所发出的声音愈来愈大。这些字和黑暗隧道中的空间不成比例,所以似乎只对从事这个工作的人有用。6 世纪时,也就是以色列文化开始稳固的时期,在一封书写于陶器碎片的信上,一个军官答复

---

[1] 古希腊人进行公民投票放逐某人时,会把被放逐者的姓名书写在陶器碎片上。——译注

他的长官（长官显然责怪他不了解先前的通讯内容）。他直接触及痛处，写道："自从你寄了那封信给贱仆之后，我内心一直感到不安。""信中阁下写道：'你不知道怎么读信吗？'真的，我从来不曾劳烦他人为我读信。当我接到信件并且读过一遍后，我甚至连信中的细节都能复述出来。"这个人对于自己的识字能力、记忆能力、说话技巧感到自豪。公元第一千年的前五百年，旷野中的住民也拥有相同的技巧与骄傲——这种想象会太过古怪吗？

圣经的作者与编撰者做了那种假设，也许是根据实证的基础。当他们的祖先首度尝试书写时，就和他们今日在恐怖之谷与舍罗比特所做的一样，是非常引人注目的。在公元前8世纪到公元前6世纪时，被编进《旧约》的神话和部分的历史就是字母书写的民族记忆，这一点不是不可能的。此外，那些编撰者可能是把这种记忆以他们想象中最强有力的形象呈现。这种形象是埃及文化或其他立碑刻石的文化所无法比拟的：耶和华降临，以猛烈的火焰把代表他的律法的文字烙印在了西奈的岩石上。

第六章

紫色之地

亚洲人建立的希克索斯王朝曾经统治埃及（大约于公元前1650年至公元前1550年之间），也许是在这段期间，字母的知识慢慢传遍"亚洲"；又或许是后来的以色列人于公元前2000年左右把字母带到了埃及。不论是哪种讲法，所传播的不仅是实际的字母，还有字母的"概念"。在帝国国境内，以色列人并不是唯一一个有雄心的文化，对于这个突然出现的书写系统，也不是只有以色列人才有反应。巧合的是，大约在第二个千禧年中期，沿着今日的黎巴嫩、叙利亚、以色列海岸等地也有一些类似的聚落，他们就定居于比布鲁斯、贝鲁特、西顿、苏尔等港口。这些人最初来自迦南，现在他们也在远离内陆的地方开始蓬勃发展，不过却位处三大帝国之间的险地，南边是埃及，东边是亚述帝国，北边是赫梯人的领土哈提（Khatte）。这些海岸城市位于埃及与哈提两强消长不定的国界之间，贸易、宗教及书写系统都受到此二者的影响。象形文字往北传播直达今日的贝鲁特与比布鲁斯（象形文字大约在公元前1700年出现了埃及书写形式），楔形文字则往南传播，直达今日的叙利亚地区。

这些城邦彼此竞争激烈，没有统一抵御外敌，因为他们并未认定彼此可以形成政治团体，更别说是形成国家。不过他们还是因为同为迦南血统而结合在一起，因此语言、风俗及书写形式也是相同的。希腊人称他们为腓尼基人（Phoenicians），因为他们以紫色染料（希腊语为"phoinix")著称。根据传说,有一天苏尔的天神梅尔卡(Melqart)和爱人女神蒂罗思(Tyrus)沿着海岸散步,这时候他的狗咬到一只海蜗牛(骨螺),嘴巴染成紫色。蒂罗思说,除非梅尔卡能送她一件相同颜色的长袍,她才会爱上他。梅尔卡找到一把骨螺壳,然后把一件衣服染上颜色,因此获得蒂罗思青睐。

其实,他做的事并不容易。制造染料是个冗长的过程,首先得把骨螺放在盐水中加温十天,直到鳃下腺体分泌出一种奇特的黄色液体,这种液体碰到阳光和空气就会变成紫色,然后再经过熬煮,剩下原来的十六分之一。由于制造半品脱的不褪色颜料得用上六万只骨螺,因此两千年来用以制造染料的骨螺真是难以计数,贝丘仍然围绕在古代的染料工厂旁。制造染料的过程会产生令人作呕的气味,所以工厂都设于城镇的下风处;苏尔是个岛屿,工厂就设在岸边。一小坛染料约合两万英镑,难怪紫色在地中海各地成为高贵的颜色,而腓尼基人因此非常富裕。

虽然并没有"腓尼基国"(有的只是彼此竞争的腓尼基港口),但是腓尼基人效忠一个共主,就是贸易。他们是中间商,往来于美索不达米亚、赫梯、埃及、塞浦路斯、克里特岛,以及希腊本土等大市场之间。黎凡特港口东边为山区,掌控内陆地区。这些港口占据面海位置,设法在埃及人(位于南方)、弥诺斯人(位于克里特岛),以及后起的迈锡尼希腊人所掌控的贸易区获取立足点。这些强悍的小城邦各自拥有国王,也许感觉比较像市长,差别只在世袭制度,这一点称得上是王权的传承。他们遇事时并为一国,敌军离去时他们就恢复旧有城邦的模样,分分合合,一切作为都只为了生存。为了保存贸易记录,这些港口居民需要一种良好的书写系统。楔形文字与象形文字各有缺点:其一,太过繁复;其二,随着时间变迁,新的王国与新的同盟开始出现,就会接触到敌对的书写系统。从我们现在的理解可知，这些港口拥有两个基本特色，所以使得这里的人们能够接受新的文字：其一，它们雄心勃勃；其二，它们位处强大保守的文化边缘。他们的文化成熟，可以接受字母。此时有关字母的知识，正缓缓地从南部的巴勒斯坦传播中心向外渗透出来。

1934 年，考古学家在耶路撒冷西南方二十英里处的莱基挖掘一个墓地，从其中的陶器推断，年代约在公元前 1750 年。埋葬的物品中有一把青铜匕首，上面刻了四个"字母"。嗯，可能是字母吧。其中一个看起来就像古西奈语中的"n"。其他二十一件物品（匕首、工具、瓷器碎片、箭头、壶）上所刻的字母，后来在以色列及黎巴嫩地区的考古现场——从贝尔谢巴附近的魁布尔·瓦赖达，直到贝鲁特北边的比布鲁斯——也都看得到。这些字母就称为古迦南语，不过萨斯和其他专家却认为，这些字母还称不上是独立的语言。

1976 年从伊兹贝特·萨尔塔（位于特拉维夫东方十英里）出土的古物，也许是最让人摸不着头绪的东西。所挖出的是一个壶的碎片，可能的年代约是公元前 1300 年至公元前 1200 年。这个壶破掉以后，有人知道这些字母在北方传播，因此把这块壶碎片当成练习用的泥版，在上面练习字母。上面的字体看起来不像学童所写，也不像专家的笔法。这个有心人零散地写了五行共计八十个字母，其中几个字特别练了几次，有一个字（mem／m）还写漏了。字母是由左至右，跟后来的希伯来语的书写方向相反，仿佛两种方向都很有可能，只等待最后的裁决。也许他是个四处包工的石匠，在旅途中学习这套新字母，然后在午休时间考考自己，看看先前学的整套字母及顺序是否还记得。又或许他心中有邪恶的想法，想把这些东西记牢，这样他就可以用在咒文中,像中古的巫师一样可以使用具有魔力的字母(abracadabra)所排列成的神秘咒语。不论他的目的是什么,书写过程似乎很顺利,因为第五行的字体显得大胆、自信。也许一旁有人激励他:嘿,你还可以再写一行,这次就能把它写好。十七个不同的字母分别清晰地排列出来,准确度很高。大多数的现代以色列语(在学术上称为"abugida")都可在这些字母中找到。

从周围的环境判断,这些有着神秘潦草字迹的古物,其年代大约是公元前1300年至公元前1000年,不过这些年代纯属猜测,运气好的话可以准确到一两个世纪的范围内,不过也可能像莱基的陶器碎片,年代落差在公元前1800年至公元前1200年之间。然而,较早期的古迦南语的发现似乎要更往南一点。字母的讯息以及运用,似乎渐渐移往北方,抢在以色列人之前就传播开来,又或者是以色列人迁进这些丰饶地区时,顺便带来了古迦南语。这个系统在另一种完全不同的系统中(不是在字母之中),找到了下一种精致的表现方式。

1928年春天某一日,叙利亚农夫穆罕默德·梅尔·阿兹济尔(Mahmoud Mell az-Zir)正在自己的小农地犁田,地点在东地中海海岸往内陆半英里处。这块农地位于拉塔基亚(Latakia,古名为Laodicaea)北方,步行约一小时。米纳特·埃尔贝达(Minet el-Beida)这个小港停了几艘渔船,从这里可以看到这块农地。米纳特·埃尔贝达又称做"白港",因入港处有白岩盘踞而得名。这块农地东邻纳扎伊尔瑞亚山(Jabal an Nasayriyah),在云层湿气被山地吸收之前,这块农地先接受到雨水。农地位于橄榄林旁,林侧邻接海拔六十英尺的小丘。小丘没有什么用场,表面长满矮树丛与杂草,偶尔有人来采摘生长其间的野生茴香。穆罕默德赶着马前进,犁刃撞到大岩块,他想移开岩块,所以先把泥土挖开,这时候出现一块石板。他掀起石板,发现眼前一片漆黑,其实他已经打开古墓之路,进入一个湮没许久的世界。将来人们会知道,这个湮没许久的世界,在圣经、荷马及字母——字母的发明使得圣经与荷马史诗得以流存下来——的历史中,占据着异常重要的位置。

自第一次世界大战结束以来,叙利亚一直在法国的统治之下,穆罕默德知道,法国很想获得古文物。此外,在附近的橄榄林中,人们有时会找到古代的艺术品,有些是金制的,可以卖到很好的价钱。他爬进古墓,心里七上八下。在昏暗的灯光下环视四周,他发现整个墓穴已经空了。很久以前,这里已经有盗墓者侵入,最后只剩下一些小件物品。他把这些东西集中起来,卖给当地商人,并把这件事告诉主人。当地警察听到风声,后来相关人员写了一份报告,最后送达法国行政长官的桌上,这位行政长官再将这份报告转给古文物部门,该部门主管查尔斯·威罗洛(Charles Virolleaud)指派莱昂·阿尔巴纳斯(Leon Albanése)前来检视发现的古文物。阿尔巴纳斯把空空的墓穴及附近地形画成平面图,然后寄出一份内容低调的报告给他的主管,最后该主管又把报告转到了巴黎卢浮宫。

要不是东方古文物部门的保管人勒内·迪索(René Dussaud)发现,墓穴中年代属于约公元前1250年的古文物,和克里特岛上发现的古文物有相似之处,整件事情可能就不了了之了。他也知道这个地方。他知道当地有个传说提到一个大城市,也知道土耳其人统治叙利亚时,曾派遣考古学家彻底搜索整个地区,但并无所获。迪索曾在一本书中提到,这个地方可能就是希腊人称之为鲁科斯·林门(Leukos Limen)的港口——和阿拉伯语的名称一样,意思也是指"白港"。这个证据也许表示他的看法是正确的,因为这种规模的墓地不可能单独存在。这表示在以前某个时间，这里曾经是这个地区中的富裕的群落。而那个小丘（Ras Shamra，当地人又称之为茴香丘）可能藏有东西。迪索组织了一支考古队，领队是三十岁的克洛德·舍费尔（Claude Schaeffer），当时正在斯特拉斯堡博物馆工作。

一年后，到了 1929 年 3 月，舍费尔和五个队员抵达拉塔基亚。由于汽车无法横越全部的陆地，所以他租了七只骆驼，另外安排了一支有二十名士兵的特遣队，以免遇上强盗。他们在 4 月初开始工作，工人包括士兵及当地的雇工。正如舍费尔所料，这个墓穴并非单独存在，而是属于一整个墓地的一部分。很快地，舍费尔和队员挖出八点五英寸高的巴力神雕像（中东地区的雷神），雕像为站姿，仿佛正在挥舞手中的雷棒与闪电矛，还有一个希腊风格的象牙盒，其中有个代表丰收的女神，她袒胸、穿着裙子、手握麦穗。舍费尔发了一则激动人心的电文到巴黎："米纳特·艾贝达宝藏已经找到了！"其实，这几乎称不上是宝藏。但这些发现已经足以把迪索吸引到考古现场来。大墓地的存在表示附近应该有个城市。他表示，也许茴香丘把整个城市隐藏住了。

舍费尔的工人从山腰开始挖掘，几乎一会儿功夫就挖到了被火熏黑的石头，然后发现一支高温变形的青铜匕首，再后来又发现了一个破碎的埃及雕像，上面的象形文字显示，雕刻的时间约在公元前 2000 年。另一个洞则出现储藏室及陶器，年代大约在公元前 1200 年。

挖掘工作进行了一个星期，到了 5 月 14 日，考古队在储藏室角落发现一些小泥版，上面写着阿卡得楔形文字，不过其中一些泥版上的楔形文字却没有人看得懂。几天后，考古队挖掘山丘的另一边，挖到一个贮藏室，里面有青铜武器、工具，其中许多武器、工具上面有相同的文字。挖掘工作持续进行，挖出神殿与房舍的遗迹，此外还有图书馆，内藏数千片泥版。

没有人知道这是什么地方，也不知道是谁建的。若想解开这个谜题，关键就在小泥版上的神秘文字。这个谜所激发出来的考古成就惊人，原因有几个：速度、解译者的鼎力帮忙（通常他们得到的回报就是成为某种考古成就的发现者）、考古内容的重要性。所有的人员即将发现一个全然未知的文化、语言、文字。

回到巴黎后，威罗洛就专注于楔形文字的内容。有些是阿卡得楔形文字，有些是不明文字。他注意到，这些文字似乎只有大约三十种不同的符号，数量太少，不足以记录音节。这一定是一组字母。此外，有个常出现的符号，似乎是用来把词隔开的。如果真的是这样，那么，由于这些词都很短，表示这种文字未使用元音，只用到子音。有些泥版看起来像是信件，开头处都有一个单独的符号。在其他的楔形文字中，信件开头通常是"致某某人"。也许这个符号就是代表"致"（to）。1929年年底，他把这些楔形文字仔细抄写，然后刊登出来。他的慷慨举动和埃文斯（Evans）大相径庭。埃文斯是克里特岛弥诺斯文明的发现者，他把很多发现都据为己有，只想成为第一个解译弥诺斯文明的人。

这时候整个研究工作分两头进行。两个闪语学者得到威罗洛的报告，其中一位是法国人爱德华·多姆（Edouard Dhorme），当时在耶路撒冷工作；另一位是在哈雷工作的德国人汉斯·鲍尔（Hans Bauer）。他们两人都精于解译密码，因为两人在第一次世界大战时都担任过译解密码的工作。在战时，他们的工作互相对抗，尽管当时彼此并不知道对方；现在他们互相帮助，不再像以前那样互相敌对。

鲍尔抢先一步。他五十一岁，是东方语言教授，除了在战时担任解译密码的工作，还钻研西奈地区的刻印文字。从威罗洛的报告中所呈现的词的长度，他猜测这些文字属于闪语，因为那些用来记录语言的字母与现代阿拉伯语颇有关联。此外，希伯来语省略元音，因此比起欧洲语言，它的词显得较短。在希伯来语及相关语言中，"to"就是"la"。因此起首字母可能就是"l"。然后他看到一些表列，这些可能是名字，其中许多是以三个词为一组，中间的词常常是相同的。如果这套字母遵循一般的闪语模式（即常常使用圣经人名），那么这可能就是"ben"的意思（意指某人之子）。现在他已经找出"b"、"n"、"l"。由于在字尾和前缀中"n"和"t"都是很常见的，因此他把"ns"排除之后，就认出"t"。有了这些假设以后，他辨识出"b-c-l-t-Baalat"，这个词是巴力神的阴性形式，恰巧与1916年加德纳从古西奈语中解译出来的词一样。鲍尔起先假设一些词为数字，从这些数字模式中他又找到其他字母。总计鲍尔解译出十二个子音，以及三个"a"的变音（这个"a"并非英语中的"a"，而是一种声门闭锁音）。他只花一个星期时间就完成工作，然后迅速写成结论，以信函告知巴黎的迪索，并写了一篇文章投到他所在地的报社。

  这时候，多姆也有类似的进展。当年夏天，双方都匆忙发表文章，他们都指出对方的谬误之处，但也认同对方的文章。整个工作已近尾声，这时威罗洛接到更多的泥版。他继续搜寻，最后找到"m-l-k"三个符号。在很多闪语中，这三个符号表示"国王"。到了10月，整个工作几乎算是完成。这套新字母公诸于世，湮没许久的某个"腓尼基—迦南文化"即将重见天日。

  那么这是什么样的文化？到了1931年，挖掘工作已届两年。舍费尔本人解译出"g-r-t"这个词。由于新增了三个元音，因此他认为他现在探索的遗迹，就是一个神秘王国的重要城市。根据埃及方面的消息，这个城市就是乌加里特（Ugarit）。没错。从现在出土的这几千片楔形文字泥版——契约、信件、文学作品、货物清单——可以看出，茴香丘位于腓尼基城邦的中心。这个腓尼基城邦的起源可回溯六千年之久，大约在公元前1500年至公元前1200年之间为他们的黄金时代，建有各式神殿和宫殿。然而并没有正规的历史记载，现有记载的内容含糊不清，日期年代颇有疑义，其前后的历史环境难以确认。就在他探索的几年间，约四分之一的城市已经开放，游客正徜徉于其间的街道与半人高的围墙之间。由于乌加里特人是在泥版上而非纸莎草纸上记录，因此留下的记载足以让我们把乌加里特再重新描绘一次。

乌加里特占地约一千三百平方英里，与肯特郡相当，比罗得岛稍大，约在公元前第二千禧年晚期发展至最高峰，势力抵达内陆二十至三十英里处。约有两百个村庄散布其间，每个村庄约有一百个居民。宫殿有九十个房间、一个阳台花园以及一处缮写室与烘烤房，专为制造泥版之用。宫殿占地一万平方米，宽一百米，是中东地区最富丽堂皇的建筑之一。凭借该地的港口（即现今几乎已经废弃的白港），乌加里特成为国际贸易中心，成为希腊人、埃及人、塞浦路斯人之间的桥梁。该地的工匠以青铜制品得名，青铜原料从塞浦路斯进口。

陆路方面，乌加里特在北边与东边面对一连串的帝国与王国。有四种语言（以七种字母写成）显示，这个地方具有国际都会风格。乌加里特北临赫梯王国（哈提），南边与埃及接壤。乌加里特凭借外交手腕，采取两手策略，在这两个敌对的帝国间扮演缓冲的角色，战略上重视平衡，兼及当地较弱小的王国与部族。如果拿 19 世纪英、俄两个帝国在亚洲的外交关系来比较的话，乌加里特相当于波斯与阿富汗的角色，借着外交与贸易而存活下来。他们与出身王族贵胄的女人结婚，互换使节，编修协议，忽而结盟，忽而臣属，忽而又成为独立王国。

大约在公元前 1340 年，外交手腕失灵了。乌加里特的一个邻国——该国是反赫梯盟国的成员——要求赫梯国王给予乌加里特国王尼克马都二世（Niqmaddu II）兄弟之邦的"协助"。从烧毁的宫殿遗迹可以看出，结盟诸国可能先发制人，烧毁宫殿，对乌加里特报复。无论如何，乌加里特受到赫梯宰制。埃及与哈提又回到先前均势的状态，在公元前 1258 年签订和平条约。此时乌加里特仍旧臣属于赫梯王国，不过成为两个帝国间的贸易中心点，比以往还要繁荣。有十四艘船用于商业与军事用途，当然赫梯人小心翼翼限制这些船只的大小。这些船运出谷物、瓶饰、雕像，然后再运回矿物、油料、酒、奴隶。

财富会带来问题。在乌加里特的边陲地区，由于边界不清楚，王国之间颇有争议，这些地方成了盗匪与绑票者的天堂，这些在国际协议和地方判决文中都可看到，所有的判决都认为受害商人应该得到赔偿。其中有个案子，一个叫塔里穆的商人控告北方边城阿普苏那（Apsuna），因为他的合伙人被当地的犯罪集团杀害，最后他打赢了官司：阿普苏那付给他一个塔兰特[1]的银币。

乌加里特正好位于东地中海贸易的十字要冲。从数千片泥版可看出，这里的人具有丰富的知性生活，均有他们自己的文字加以记载。这个城的抄写人精通阿卡得语的书写，不过，显然他们试过两种不同的书写传统以后，选择了自己的语言。关于阿卡得语的证据，可由一片小泥版看出来，这块泥版是 1933 年在贝斯·闪美西（Beth Shemesh）找到的，上面似乎是由楔形方式写成的阿拉伯字母，起始的字母是 h-l-h-m。贝斯·闪美西位于南方两百五十英里处，远在乌加里特的边境之外；不过在 1988 年，一个由叙利亚与法国组成的考察队，在乌加里特的东南区找到一片类似的泥版，因此该证据证明一点：乌加里特和南阿拉伯字母（共计二十二个字母）是有关联的。可能在南阿拉伯字母开始北传时，乌加里特人就注意到了，不过他们并未彻底改编这种字母。

---

1 talent，货币单位。——译注

后来，字母的概念深入乌加里特的中心地区时，有人知道，这些字母可以改编融入他们的语言中，因此又加入另外八个字母。此外，还根据迦南语言的前例，修订了字母顺序。这个字母顺序是在 1949 年发现的，当时考古学家找到一块泥版，上面有多达三十个乌加里特字母，全部都按顺序排列。这块泥版等于是学校的作业本。在乌加里特的学校中，学童学习楔形方式书写的字母。他们书写的顺序有很不寻常的意义，因为大多数的字母都和我们现在使用的字母一样。除了那些代表乌加里特发音的字母以外，这套字母的顺序若是转译成罗马字母，其部分顺序是：

a b d h j k l m n o p q r s t v

一个几乎已经从历史完全消失的文化，它拥有的字母几乎没有人看得懂，结果却有这么类似的特点。

还有许多非常类似的特点。乌加里特从别的民族得到字母的概念（非字母的形式），乌加里特文学反而使原先那个民族的文化更有生气。从残留的记载中，我们可以了解这一点，多亏祭司中的抄写人，才有这些记载留下来。其中有一位祭师的地位崇高，因此他在一组巴力神的神话［现在我们称之为克瑞特传奇（Story of Keret）］结尾处签名，署名献祭人伊尔米库（Ilmilku the Sacrificer）。从伊尔米库及其同僚的作品可以看出，以字母记载的乌加里特文学成为共同的文学传统，三四百年之后，乌加里特文学注入了希伯来文学。所以，乌加里特语和希伯来语是相关联的语言，这种讲法可能没什么好惊讶的。不过对有些人而言，这却等于公然的污蔑——旧约的根源竟然来自另一个敌对的文化，而且还是个不折不扣的异教文化。

有一首赞颂婚姻的圣歌，内容描述迦南的众神之神埃尔（El，即亚伯拉罕神，后来变成耶和华）娶了两个女人。这首诗歌的生动形象让人联想到《雅歌》，诗中提到在沙漠地区的流浪，最后抵达乐土，此一情节似乎呼应以色列人在旷野中的流浪经历：

埃尔的阳具如大海般开展，
是啊，埃尔的阳具如海洋。
埃尔带走两个春情荡漾的妻……
瞧啊，两个妻大叫：
"哦，夫婿！夫婿！放下你的手杖，
扔去你手中的手杖！"
他屈身：亲吻她们的唇。
哦，她们的唇何其甜美，
就像味甜的石榴；
亲吻后就是受孕，
拥抱后就是怀胎。

埃尔激励这次受孕所生的儿子们：

在神圣的沙漠中筑起高台，
你们将找到你们的居所，
在岩石、林木之中。
整整七年的时间……
仁慈的神来去于干草原之上，
他们在沙漠的边缘漫游，
遇到耕地的守卫，
然后他们对耕地守卫大喊：

"守卫啊！守卫啊！开门啊！"

守卫替他们开门，

然后他们进去。

学者指出很多例子，显示乌加里特对圣经所产生的影响。例如《诗篇》二十九章是一首颂歌，歌颂上帝的这种自然力量："耶和华的声音发在水上，荣耀的神打雷"，而且还震碎香柏树，使之跳跃如牛犊，震动旷野，使母鹿落胎。换成乌加里特的语言，这就是对巴力神（又称雷神）的描述。希伯来诗人似乎是从某乌加里特的记载得到灵感，又或者只是剽窃而来。《诗篇》一百零四章也有类似的关联性。上帝的特质——造物者以云彩为车辇，声音是雷声，火焰为仆役——也是跟巴力神一样。希伯来诗人可能有两个目的：确立希伯来上帝与异教的巴力神的差异处，不过同时也强调相近之处，如此一来，可以确保新的讲法能涵盖旧的讲法。

也许最复杂的关联要算是犹太人奇特的饮食规定：小孩子不可在母乳中冒泡（煮沸）。这显然是道怪异的训谕，在圣经中提到两次（《出埃及记》二十三章十九节，以及《申命记》十四章二十一节。[1]常常让解经者感到困惑。到底有谁会想做这种事？有的人努力找原因，认为这是基于卫生的理由，有的人猜这是一种极度残忍的行为。12世纪大学者迈摩尼德斯（Maimonides）在《困惑的指南》（*Guide for the Perplexed*）中认为，这道训谕可能是用来禁止偶像崇拜的习俗。乌加里特的泥版支持这个论点，其中记载着一项规定，把小孩在牛奶中烹煮是某项仪式的一部分。《摩西五经》所以会禁止这项习俗，可能只是因为异教徒在敬拜巴力神时会这么做——这证明饮食

---

[1] 和合本圣经中行文为"不可用山羊羔母的奶煮山羊羔"。——译注

规定呈现了希伯来的宗教特性。

乌加里特的黄金时期在公元前1200年左右戛然而止，原因有几个。首先是与哈提的关系恶化，原因可能是因为乌加里特和哈提同时发生饥荒。双方都需要从埃及船运谷物，而其中一个进出口岸就是乌加里特。无论如何，乌加里特国王阿穆拉比（Ammurapi）试着与埃及恢复昔日和谐的关系，因此法老运来大量物资。这个举动，显然就是想推翻臣属的关系，因此哈提方面怒不可遏，发了一封信函，命令乌加里特送来谷物："这是性命攸关的事情。"

不过使得乌加里特加速灭亡的却是所谓的海上民族，在乌加里特的记录中称他们是锡奇拉（Sikila），"住在船上的人"。他们的来源不详，不过似乎是在公元前1300年大量从希腊本土移出。到了约公元前1220年，伟大的迈锡尼文明已经殒落。海上民族往南方、东方散布，带来混乱与毁灭，对于埃及这个宝库虎视眈眈。"现在敌船已到，"乌加里特的记录中有一封信如此写道："他们在我的城市放火，伤害这片土地。"其实，这些威胁对准所有大陆上的大国，埃及也在内。在某段时间，海陆两边同时发起的侵袭行动威胁到乌加里特与哈提。哈提再度要求协助。在另一封信中要求一百五十艘船，这是庞大的舰队，乌加里特绝对没有办法提供，拒绝了这个要求。哈提派一支军队前来南方，阵中一位将军恳请协助：他就只有妻小，要怎么对抗敌人？不过乌加里特只顾自己，因为最致命的危机隐然接近。一个工头对主人说："你家中有饥荒，我们会饿死。如果你们不赶快来，我们会饿死。在你的国度里，你将看不到一个活人。"有一个人写给他的领主："当你的信使到达时，军队蒙羞，城市遭到劫掠。我们放在打谷场的食物被烧掉，葡萄园也被捣毁。我们的城市遭到劫掠！愿你知道！愿你知道！"

然后一切归于寂静，仅余土地上留下的东西；大火之后，留下六英尺厚的遗迹，其中有箭头以及武器与工具的贮藏室，但是没有骸骨。显然当时的居民有时间逃走，只是在焚城时已来不及收拾贵重物品。自此乌加里特再也没有恢复旧观，贸易移往他处，尘土逐渐积在街道上，然后又积堆在倾圮的墙上，最后整个地方被矮树丛与茴香变成一个隐密的小丘，这便是茴香丘。

乌加里特已经溃亡，但南方并未步其后尘。其余的腓尼基城市——其中最重要的是比布鲁斯、西顿与苏尔——对于这种威胁，一定都有自己的应对之道。在公元前1175年左右，他们的确得到埃及的帮助，战胜海上民族。不过他们还是得应付该地区新蹿起的强大种族。不久，大家就知道这个居住于海岸的种族叫做非利士人（Philistines）。既有来自南北两边海上民族的压力，又有以色列人散布于迦南部族所居住的内陆地区，因此腓尼基人的活动区域只剩下一点点。他们别无他法，只好朝海上发展，比起以往更加具有活力，在地中海及其他地区寻找市场，直达西非、布列塔尼，甚至还可能抵达不列颠。到了公元前1000年，他们已经散布各地；不过奇怪的是他们仍然默默无闻。也许是因为他们缺乏国族的认同感（他们觉得自己和西奈内陆的其他部族不同），这些自信满满的个人对自己的文化却没有自信［市长的表现常常都是这样——就像拉瓜迪亚（La Guardia）、戴利（Daley）、朱利亚尼（Giuliani）这几位自信满满的美国市长，他们的名字简直像是称雄一隅的国王］。他们是伟大的工匠：在上古世界各地都可发现他们制作贩售的东西，不过他们没有记录（这些记录到底保存在哪里），没有历史学家，没有诗人，没有作家，至少到目前为止尚未发现。我们在研究腓尼基人时，会遇到这样的大问题：

第六章　紫色之地

他们在纸莎草纸上进行书写，无法妥善保存。另一个问题是他们建的城市至今仍是城市。就建在他们优秀的旧城遗址上，所以各种古代遗迹深埋于砖瓦水泥之下。能找到的考古证据大多是在偶然的机会中发现的，像是贩售的古物（分布在地中海地区的出土古物），以及其他文化中的书写记录。学者得扮演侦探的角色。有一个小古物——莫斯科美术馆里有一件被翻烂的纸莎草纸古文献——让大家注意到一个时间、一个地点、两个民族以及腓尼基人的书写习惯。以下我将以略微夸张的方式呈现这一幕，不过我还是会忠于原文的叙述，其中的引文译自象形文字原文。

由于受到海上民族的攻击，约在公元前1100年，埃及还是一株"破碎的芦苇"。以赛亚（Isaiah）曾说过，一个叫做万·阿蒙（Wen-Amon）的埃及贸易代理商，从卡纳克（KarnaK）的阿蒙神庙，来到比布鲁斯。他此行的目的是替"诸神之王阿蒙·瑞（Amon-Re）的雄伟三桅帆船"购买所需木料。根据万·阿蒙自己的记录，这趟行程极为艰难。他并未搭乘公务船舰，他以一艘叙利亚船只的名义购买通行许可，船上载着阿蒙神的雕像作为庇佑。途中，他行经一个非利士人的港口，钱几乎被偷光。他自认有理，拿了非利士人的银币当做补偿，然后逃往比布鲁斯。他到达的时候，看起来就像是个逃亡者，没有船，也没有钱。

扎喀尔·巴力王（Zakar-Baal）的态度非常尖酸刻薄，那种感觉就像是遇到非利士人或以色列人，就像对待小城邦的领导人的求援，或者就像看到某个国力日衰的小官员倒在门阶上乞怜。"我在他的港口待了二十九天，"万·阿蒙愤恨地回想："他却每天派人跟我讲：'滚出我的港口！'"最后，国王态度稍稍改变，虽然态度冷淡，但总算接见了这个代理商，在一个华丽的地方，金碧辉煌，可以看到整个海洋。万·阿蒙的文件呢？国王盘诘。他要什么？木材，啊？为什么他认为可以拿到木材？

但是，万·阿蒙结巴道，你的祖先向来……

"他们当然会给！如果你付钱我也会给！不过我的祖先只在法老——愿他长生、繁荣、健康——派遣六艘装满埃及货物的货船以后，才会这么做……你呢？你带了什么？"他当然知道万·阿蒙在他之上："我不是你的仆人，也不是派你来的人的仆人！他们怎么会叫你走这种糊涂的旅程？"这个时候，万·阿蒙应该知道，扎喀尔·巴力国王有个埃及仆人，名字也很类似，叫做佩阿蒙（Penamon）。我们可以想象扎喀尔·巴力国王的言外之意：你回去以后，不妨告诉你的主人，我用埃及人当总管。

万·阿蒙竭尽所能。不对，这不是一趟糊涂的旅程！国王应该记住，阿蒙神非常伟大，海洋属于阿蒙神，扎喀尔·巴力王的祖先效忠阿蒙神，"而你，你也是阿蒙神的仆人"，而万·阿蒙是替阿蒙神办事的。但是扎喀尔·巴力王却让阿蒙神——庇佑整趟行程的阿蒙神，万·阿蒙沿途带着的雕像，在港口等二十九天。要是扎喀尔·巴力王愿意给万·阿蒙一个信使的话，他就有办法运送货物过来，完成交易。

扎喀尔·巴力王的态度稍见缓和。毕竟，在商言商。万·阿蒙得到信使，把消息送出去，最后得到补给，数量相当惊人：金、银、十匹亚麻布、五百卷纸莎草纸、五百张母牛皮、五百条绳索、二十袋扁豆、五篓鱼。交易完成。扎喀尔·巴力王派了三百人去伐木，经过干燥加工，把木材拖到海边。

最后一次会面时，扎喀尔·巴力王说道，现在你最好赶快滚，不然你会和其他埃及信使的命运一样，在这里待十七年，然后死在这里。为了强调这一点，国王转身跟他的埃及总管佩阿蒙说："带他去看他们的坟墓！"

"不，不，"万·阿蒙说道，"没有必要，我走了。"不过他接着说（我们可以想象，他在这个远眺海景的楼上房间里，退到门边，开始喋喋不休），说真的，你应该立个石碑，上面记载阿蒙神派遣他的信使万·阿蒙来到这里。伟大的扎喀尔·巴力王替阿蒙神的雄伟三桅帆船砍伐木材，然后装船，运抵埃及。这种良善的行为足以让你再恳求五十年的生命。其他信使来了，看到石碑，就知道你是多么伟大。

寂然无声，也许吧。哼。毕竟万·阿蒙也没这么坏。他们两人道别时，感觉有点像朋友。万·阿蒙走下楼，去监督木材的装运……

……这时候，十一艘非利士人的船出现。万·阿蒙知道他们为什么会到这里，因为他拿走了"补偿"要来逮捕他。这是最后一根稻草。"我坐下来开始哭泣。"他写道，最后得到一点同情。国王的抄写人发现他，问他出了什么事。万·阿蒙现在离家已经一年多了，当他看到一群鸟南飞时，开始泪眼汪汪。"看看那些鸟，"他告诉抄写人："它们飞往清凉的池塘！我要留在这里多久啊？"抄写人报告扎喀尔·巴力王，国王心生怜悯。他派抄写人过去，同时带了两壶酒和一只羊，传口信给万·阿蒙："尽情吃喝吧！心中不要有任何忧虑！"

怜悯是一回事，但政治又是另外一回事。扎喀尔·巴力王不想与任何人为敌，最好在事情发生前，尽快把双方都弄出比布鲁斯。他告诉非利士人，他没有办法逮捕万·阿蒙，因为万·阿蒙是埃及王室或祭司的信使。不过他也不打算为了万·阿蒙的自由而大动干戈。他的解决方法充满权谋：他下令船员控制船只，让万·阿蒙登船，然后驶出港口，接着通知非利士人：你要逮捕他？请便！海上发生的事可跟他没干系。

如同早先的计划，那些比布鲁斯船员顺利地把万·阿蒙带走，不过却碰上逆风，栽到另一个困境中。他们在塞浦路斯登陆，被当地人捉住。万·阿蒙脱逃，跑到城里的一座大宅邸，恳求当地的统治者希提比（Heteb）公主的协助。通过一位传译，他继续使用那套讲法，表明他是阿蒙神的信使。他表示，如果希提比公主没有照料他以及随行的比布鲁斯船员，届时就得要应付埃及与比布鲁斯。希提比公主听懂了他的意思。"过夜吧。"她说，然后……

……然后就在这个时候，纸莎草纸没了，所以我们只好假定，终究万·阿蒙还是回去了，找时间写下他的那些叙述。

这个生动的故事里隐藏着一个线索，从中我们可以知道腓尼基人的书写习惯，也可以知道为什么会找不到他们的书写证据。关键是纸莎草纸，这几乎和比布鲁斯是同义词。历史悠久的埃及纸莎草纸经销商很值得一提，因为希腊语的"书"一词以及上古最伟大的书籍都是因此得名的。[1] 比布鲁斯人自然也用纸莎草纸。扎喀尔·巴力王威吓万·阿蒙时，派人去拿先前的木材交易记录，检视其中的条款——这是王室的记录，保存在纸莎草纸卷中。纸莎草纸重量轻，易于携带，易于书写，所以最适合活动范围广泛的商人，不过除非是在极干燥的环境下，否则纸莎草纸不易保存。以腓尼基语书写的腓尼基人的生活记录——也许有些记录在万·阿蒙所订的五百卷纸莎草纸上——变成蠹虫的食物，或是被火焚毁。

不过我们可以确定，扎喀尔·巴力王写在纸莎草纸上的文字是什么（这时万·阿蒙以忧虑的眼神看着），也约略可以确定，如果扎喀尔·巴力王接受万·阿蒙立石碑的建议，那么纸莎草纸上的文字一定和石碑上的文字相同。这种文字显示比布鲁斯决意不再向当时的任何一个强大势力低头，同时也向较小的势力表示，比布鲁斯不是卑微的城市。腓尼基人不愿意使用美索不达米亚及乌加里特（只在北方一百英里的距离）等地使用的烧制泥版和楔形文字。纸莎草纸是埃及最出

---

[1] 比布鲁斯是供应纸莎草纸的重要港口，因此希腊人称纸莎草纸为"比布鲁斯"。"圣经"（Bible）一词亦源自 Byblos。

类拔萃的书写材质，不过腓尼基人不想和埃及书写有什么瓜葛，他们很可能继续使用他们自己的象形文字。不过使用这种象形文字也一定经过一番煎熬，任何一个懂得埃及语和闪语的人，对于这种变体文字一定会退避三舍。他们需要的是他们自己的文字，好把制造、金钱、进出口管理的秘诀保存下来，同时也把大量的合约、民法、法庭判例记录下来。

在公元前1300年，一个较简易的概念——一个符号对应一个声音——已经出现，像北边的乌加里特所使用的文字系统，还有那些从埃及迁往迦南的"亚洲人"所使用的系统。任何一个识字的人如果与乌加里特做生意的话（得在公元前1200年之前，是年乌加里特毁灭）一定知道，乌加里特的抄写人掌握字母的概念然后加以改编。乌加里特的解决方法对南方的城市并无太大助益，因为他们没有使用泥版或楔形文字。所以答案就是接收迦南语系统，然后加以修正，却偶然地把字母大致的顺序都保留下来。之后，比布鲁斯那种冒牌象形文字系统很快就消失了，变成无法解译的文字，只有等待将来能够发现双语对照的数据。

这些事情的确都记载于容易腐烂的纸莎草纸上。已知最早的腓尼基文字书写内容，是年代不明的箭头、碗、瓷器碎片上面的字母，还有一些文字刻在一个大石棺上。石棺内埋的是扎喀尔·巴力王的继位者阿希朗（Ahiram），生存年代可能在公元前11世纪。阿希朗的儿子伊托巴力（Ittobaal）"把他放进永恒的寓所时"，刻下这些铭刻。很明显地，这些铭刻把纸莎草纸上书写时间悠久的字母形状抄录下来。伊托巴力又加上诅咒，警告任何统治者不要打开坟墓："让他的王权分裂，让他的王位陷落，让比布鲁斯的和平消失！"这个警告似乎让石匠谨记在心，因为在坟墓的信道上刻有文字，警告盗墓者："小心！瞧，这下面有灾难等着你！"

不管到底是怎么发生的，腓尼基语的二十二个字母是由右往左书写。许多不受大国（这些大国使用的是楔形文字或象形文字）支配的文化，都显示出这种优点。腓尼基语成为一种具有威望的语言，就跟腓尼基语的字母一样。到了公元前 900 年，至少六个邻近民族使用相同的字母来书写他们自己的语言。尽管阿拉姆语与希伯来语有一些子音无法在腓尼基字母中找到，但是这两种语言都把这种字母全盘接纳过来。随着腓尼基殖民者向外拓展，这套字母往西边传播，直达西北非，然后成为迦太基字母。公元前 146 年迦太基被毁，但字母仍流传下来。在地中海的每个角落及尼罗河极南的地区，均可见腓尼基语的铭刻，时间跨度长达千年。这些铭刻常呈自由流畅的形式，它源自手写字体的风格。这些铭刻最终在公元 3 世纪才逐渐消失。

在拓展过程刚开始的阶段，一些聪明的希腊商人（他们在没落之后又重振雄风），也看到腓尼基系统的优点，因此字母又向前迈进了一步。

第七章

自私的字母

研究进行至此,我开始思考整个进展如何。新的想法如天马行空,而且还一直蔓延开来。依我看来这很像感染,不过你得想象这是一种有益的感染。仿佛整个人类是个有机体,被注射一种脑部的药物,药效温和,能够增强表现。然而,这个生物体中得有固定数量的细胞产生某种作用,整个药效才会发挥,就像新型电子产品(传真、手机、个人计算机)的扩张发展:大量投资、代表身份地位的昂贵玩具、缓慢扩张、逐渐普及、价格滑落,然后哗一声!——我们都被感染了。

你可以看出来,我好不容易才写出上面这一段文字。我试了三种模拟——细菌、药物、电子产品——为的是了解这种新发明以及后来的传播。我真正需要的是一种"文化大统合理论"(Grand Unified Theory of Culture),能够诠释创意、人类互动、发展等方面,而且还能告诉我整体的意义。在这之前,我想先谈一点还未定型的想法。

如果你讨厌理论,只对历史感兴趣,那么你可以跳到下一章。不过如果你还没被吓跑,我们就从字母的观点来看字母。

自从达尔文在一个世纪前把进化列为生物学最重要的项目以后,历史学家就把生物进化和文化进化互为比较(事实上,达尔文做过这种比较，他想了解语言的出现与消失是否可以用另一种自然进化的方式来解释）。这两种进化表面上都很类似，两者都达到较高层次的复杂度。

当然，硬件方面是无法比较的，父母无法照自然规律把心灵的讯息转移给子女。子女只有借由有意识或无意识的教导，才能获得父母发展出来的文化复杂度，而且不一定能再传给下一代。生物进化的结果无法预测，某种程度上是由"随机"重组及突变所驱动；在文化进化中，重组与变异是"有意的"，但结果一样无法预测：所谓有意的，那是说你愿意相信你自己是自由的，不受社会中隐藏的力量以及你自己的潜意识所影响，不过要把这些讲清楚，得用上整本书的篇幅。我们都站在祖先的肩膀上，并不仅仅是复制他们的发展。

生物进化与文化进化还有另一点不同：生物的运作是与时俱进的，从父母到后代是一个紧密随意的锁链（取决于时间）。文化的运作则是往各个方面——当然，从父母到后代是往前的，不过也会往侧面来到我们之间，也会往后。在往后的情况中，父母从后代那里"继承"文化讯息（我的女儿愿意教祖母怎么吸蛋，条件是祖母愿意考虑买台笔记本电脑）。这种过程并不必然取决于时间。在很多情况下，一份手稿、一个讯息或物品，只要一出现就足以彻底改革一种文化。今日的新闻可以在瞬间感染全世界。

这种生物进化与文化进化的比较是很吸引人的。人与人之间有一种心灵讯息的流动，而且代代相传之后，复杂度"真的"会增加。理查德·道金斯（Richard Dawkins）在1976年出版的畅销书《自私的基因》（*The Selfish Gene*）中，有一段戏谑的段落提到，如果生物进化与文化进化可以做比较的话，那么一定得有某种讯息单位——即类似基因的一种心灵单位——才行。他称这种单位为拟子（meme）。他从模拟（mimic）这个字的希腊字根创造出"meme"这个词，故意让这个词听起来像基因（gene）。

这种观念的时代已经来临。在一个积极寻找进化模拟（evolutionary analogy）的世界，拟子爆发开来。学界把握住这个词，把它推向众人注目的焦点。二十年后，道金斯到网络上看看他创造的词，他发现有五千笔以上的参考资料。有几本书探讨"拟子学"（memetics）的概念（拟子学已有网络期刊）。我的 Word 97 软件会在"meme"这个词下方加上红色波浪线条，不过我不敢肯定 Word 2000 是否会这样。《牛津英语大辞典》的下一版会正式列入"meme"这个词，定义为"一种可能借由非基因方式传递的文化元素，特别是指仿真的方式"。

仿真是关键。模拟是一种奇特的人类活动，因为只有人类才能模拟新事物（大体上，动物不会模拟，虽然动物行为学者对这一点仍各说各话）。不过并不是只有模拟的概念，单纯的模拟可能只注重实用及技巧，对被模拟的内容会造成损害。如果有一排人，每个人摹画前一个人所画的圣保罗教堂图案，最后一个人画的就不会很像。不过，如果一开始的时候就有全面性的指引，说明要摹画的是"教堂"或"建筑物"，那么圣保罗教堂这个概念在传递的过程中就有可能保存下来。再看另一个例子：教打网球时，如果只教网球的抽击动作，只能传授一点点网球的概念。要获得正确的网球拟子，学生必须按着指示一步一步来：要这样挥球拍、击球、击球过网、用力击球过网——现在我们开始打短球——用一个旋球，打在对手接不到的地方；最重要的是赢球，这需要你不去"模拟"对手的策略，才办得到。根据心理学家苏珊·布莱克莫尔（Susan Blackmore）在《拟子机器》（*The Meme Machine*）中的说法，直接模拟成果并不是变成拟子的最有效率方式。若要传递高品质的拟子，对于全体的细节都要模拟。

拟子理论运用一种观念：如果遗传、变异、选择等三个因素俱全的话，所有的系统都会产生演化。拟子理论认为观念会垦殖心灵，然后影响心灵。这种作用影响很大，因此观念存活下来，继续传递下去（没有任何血缘关系，只有讯息的流动，传递的方式是课堂、交谈或媒体），有时候错误会发生。如果观念经过改进，会传播得更广、更快，接受扩展中的文化所给予的养分。接下来，当那些文化到达极限时，观念就会跟着一起萎缩，或者跳到别的新宿主那里。拟子会取代拟子，擅长维护自身传播的拟子会战胜其他拟子，就像字母在中国之外的地区胜过中文。拟子间的竞争和性无关，这点和基因间的竞争不同。拟子在超空间之中——在耳语传播、书籍、对话、因特网之中——自我复制。

讲了这么多，就是没有一个人真的有办法说明拟子到底是什么。起初拟子听起来好像是可以想象的东西，但定义如此之广，所以又变得没什么意义了。不过请记住变异和选择这两个条件。拟子应该带着正确数量的讯息，可以以某种方式修正性能。儿童玩耍时讲的话语讯息不算，图书馆的讯息又太大。不过一个有用的新词，像是"拟子"，就属于这种讯息；书籍也是；或者贝多芬的《第五交响曲》的前四个音符——尤其当英国国家广播公司把这首曲子作为战时广播的片头曲时，更使这四个音符或者整首交响曲让人难以忘怀。车轮与弓箭似乎是拟子的当然得主，不过我们也得把一神论或基督教等大的观念算在内，这些观念把一大串拟子结合成"拟子团"（meme-plex）。

如果你仍然觉得以上所说的还是不清不楚，让人着急，那么请你记住，科学上的革命性观念在初萌阶段时，并不一定是一整套的机制，或是一个条理清晰的理论。牛顿不知道万有引力是怎么发生的，他做的只是作用的描述。艾尔弗雷德·韦格纳（Alfred Wegener）在

1912年提出理论时，并不知道大陆怎么漂移，又过了半个世纪，他才想出一套机制来解说他的观察。在达尔文提出他的理论之前，早就有进化的观念存在，自然科学的遗传学（现在仍有一些谜团未解）比达尔文的理论还早七十年。人类基因组的工程再过几年会全部完成（现在已经完成，编者注），但是想要了解基因互相作用的繁复方式，这只是起步而已。一个DNA序列所产生的某种蛋白质，可以使眼珠颜色变蓝，但要变成你上星期四在一个晚宴中一看到就难以忘怀的蓝色眼睛（它们穿过拥挤的宴会厅）还有一大段距离。如果进化论还在发展中，那么拟子的观念就还在前演化论的初萌阶段。我们还无法为拟子下定论，这实在不令人惊讶。

就像旁白一样，如果拟子也像达尔文的基因那么自私，那么拟子就有一些令人害怕的蕴涵。从这种观点来看，身体是基因创造的，所以基因可以自行复制，传到下一代（并不是基因在意哪种方式：基因运作时没有任何意图。它们的运作就是如此，就像热气球"想要"或"企图"升起来）。人是人类基因确保它们自身生存繁衍的方式。那么，我们的个体性又在哪？根据丹尼尔·丹尼特（Daniel Dennett）在《论意识》（*Consciousness Explained*）中的说法，同样地，"人类心灵本身是个矫作物。当拟子重组人类的脑子，使之变成拟子更合适的栖地时，心灵就被创造出来。"这个理论显示，在我们的存在的最深处，我们只不过是一堆互相较劲的信念与作用——是自私的拟子强加于我们身上的。那么在这种理论中，自由意志是怎么来的？难道"自由意志"只不过是另一个拟子，它引诱我们是为了让我们再把它传递下去？

以上所说的可能只不过是理论，只是运用基因的模拟来故弄玄虚，引人注目。很多评论家认为整个拟子的概念了无新意，是一个误导的隐喻。这样的隐喻提供了一种理解文化变迁的方式，但实际上毫无根据。也许拟子会步燃素的后尘——18世纪时，人们认为燃素是构成火的一种元素——这种认识随着时代变迁而消失得无影无踪。

不过有些新颖的发现和心灵基因似乎非常相像。依我看，字母是拟子的最佳得主，只要看看早期字母的简史便可得知。

构成埃及象形文字的拟子组，有一部分发生重大的突变。新的环境出现：一个未受影响、准备接受殖民开拓的独立文化。技术上，记录的工作也有可能以楔形文字、象形文字或甚至是中文来进行。不过悠久的文字意味着悠久的文化，这正是字母拟子不需要的东西。拟子寻找的是小型的边缘社会，一种潜行于恐龙般的巨人之中，似地鼠又似哺乳类的文化（这种文化浑然不知地等着自己的时刻来临）。在一个亚洲团体中，拟子找到合适的宿主。拟子跳过不同的文化。拟子结合敌对部落，并且与第二组拟子共生，以确保自身的繁衍。我们现在把第二组拟子称为一神论——一神论巩固了一种增强主体性与自信的信仰系统。很快地，随着宿主，拟子也有了新的地理基地，可以安全地复制。在这个过程中，拟子发现其他可能的宿主，然后就像病毒般地传播，离开原先共生的伙伴，利用一个文学技巧发展快速的社会——希腊人，下一章的主题——来壮大自己（后来，那个"一神论拟子"发现自己的未来会被自己创造的这个社会限制住，所以经由耶稣、圣保罗、穆罕默德等人跳走，转而以其他宿主为殖民地，随后稳定扩展，一直又过了两千年才到达发展的极限）。

以上所说的都可以用更概括性的说法来表示，让字母更像基因。字母是一种逃离最初环境的概念，拓殖另一个新环境，让自己精准地被复制下来，产生突变，这么一来功能更加完善。然后在许多亚型中，字母在人类社会中激增，后来其他社会与其他书写系统的竞争出现，字母才受到限制。字母就像它的祖先（语言）和它的父母（书写）一样，不断地繁殖沟通的工具，增进复杂度，增强人类文化的影响力。

字母和拟子概念有很不可思议的雷同处，所以我认为拟子会留存下来。拟子理论与字母都是"超拟子"（hyper-memes）（我想我刚刚创造了一句行话，不过我敢打赌我不是第一人）。当拟子被置于讯息流之中，从一个人传到另一个人时（即加诸于其他拟子之上），拟子会使进程变成某种可以理解的东西。当我们很努力地理解生命、宇宙、万物的时候，可理解的印象是非常重要的。我预料，拟子理论可能会变成一种理解文化推进的有效方式，而字母则证实拟子的效用，也许只要有某个刺激因素就能使拟子理论成为一门自然科学。

从前，希腊故事只存于吟游诗人的心中与口中，而且可能会跟着这些吟游诗人一起消失。不过当字母的概念开始流行以后，《奥德赛》被书写下来，经过里优（Rieu）的翻译，马歇尔老师读给我听，现在我在这里谈这首诗。这只是整个巨大变迁中的几个小事件。下一章的主题将针对这个巨大的变迁——在文化演化的快速螺旋中，字母添加了一个非常剧烈的旋转力量。

第八章

大跃进

在迈锡尼时期，希腊本土及迦南海岸之间的八百英里地区，已经有大规模的交易往来，成为一条联系埃及人、克里特人、赫梯人和亚述人的海上航线。在公元前13世纪至公元前10世纪间，海盗侵扰爱琴海至埃及之间的海岸线，这类的交易大多因此而没落。但在公元前900年代晚期，这些从未真正中断的航线再度恢复。昔日的迦南人，摇身一变成为腓尼基人。他们再度往西航行，途中他们越过正在往东航行的希腊商船；这两组人马在抵达旅程终点的时候，分别在当地建立基地，最后成立家园。

正是由于这种交流，希腊人才获得了字母。希腊人对于这一点也深信不疑。有一个故事把字母和楔形文字混在一起。根据这个故事，这些字母不过是回到家，因为行动迅速的诸神信差赫耳墨斯（Hermes）最早把语言的声音写成楔形；现在每年秋天，当野鹤排成队形迁徙时，你仍然看得到楔形往南移动。不过这只是传说。因为大家都知道，其实起因是宙斯，因为他爱上了欧罗巴（Europa）。

在这个故事中，欧罗巴（"宽脸的"）正沿着苏尔附近的腓尼基海岸漫步，手里提着金色篮子，上面刻了一只正在海中游泳的小母牛。小母牛代表欧罗巴的过去和未来，因为它是她的曾曾曾祖母伊娥（Io）；伊娥原本是女祭司，后来却变为一只被牛虻追赶的小母牛，不得不横越诸洋，当她经过地中海时，部分地区的居民以她命名，所以成了伊奥尼亚人（Ionians）。最后她抵达埃及，宙斯把她变回少女模样，然后和她交欢。伊娥的子女后来迁往迦南——这就是何以欧罗巴会提着篮子在苏尔的海边漫步。篮子让我们想到（我们应该叫她小心）欧罗巴的命运和一只公牛紧紧相连，就像现在正在温柔地勾引她的那只公牛。欧罗巴怎会知道这只公牛就是宙斯，而且竟然还爱上了自己的后代？他献上小小如宝石般的牛角，她用鲜花装扮他，他现出背来，她爬上去，他漫游海岸，然后突然钻进草中，和她交欢。于是宙斯又有了更多后代，与亚洲大陆遥遥相对的大陆自此也有了名称[1]。欧罗巴的父亲知道这件事之后大怒，便派欧罗巴的兄长去找她，其中一个是福尼克斯（Phoenix，通常被翻译为"紫色"，不过也可以称为"棕榈树"）。福尼克斯航行到北非，在当地建立迦太基，接着他把自己的名字给了迦太基人（Punics），后来就回到这个以他的名字命名的地方（腓尼基）。第二个兄长卡德摩斯（Kadmos）前往希腊，有一只母牛带他到波俄提亚（Boeotia），他们在当地某处停留，接着卡德摩斯盖了一座神殿祭祀女神雅典娜，并且建立了底比斯（并非尼罗河流域的底比斯）。当然，传说还有很多——屠蛇、种植的龙牙、即将爆发的内战——不过，这些算是其他的故事了。后来，卡德摩斯会娶爱神阿芙洛狄忒（Aphrodite）的女儿哈尔摩尼雅（Harmonia），婚礼盛大，诸众均与会。这对佳偶最后会变成蛇，就像森林（过去这些森林遍布整个希腊）中的无毒蛇类一样。

公元前5世纪时，希罗多德（Herodotus）在雅典开始撰写字母起源，心里想着要如何从这些神话中找出历史的元素。他认为字母是由埃维亚岛（Euboea）上的腓尼基人带来的（埃维亚岛在东地中海地区仅次于克里特岛）。埃维亚岛和大陆之间仅有一狭长的海峡分

---

1 即 Europe，其字源即来自 Europa。——译注

隔。起初，岛上部分地区住着伊奥尼亚人，他们是出名的航海民族，在公元前 10 世纪以前，他们的势力已经扩展到大陆，而且他们和腓尼基的主要城市苏尔也有密切的关系。随着贸易的发展，腓尼基人在现今的来富康地（Lefkandi）附近的一个小镇建立埃维亚基地。根据希罗多德的说法，卡德摩斯就是从这个地方出发，带领远征队向西航行，经过波俄提亚当地的海峡，并且建立底比斯。"与卡德摩斯同行的人，"希罗多德写道："带了许多学问，其中一种就是他们的书写，我想在这之前，希腊人对这些是不知道的。"

一般都认为这样的说法有些部分是可信的；因为在苏尔附近发现了埃维亚工艺品，而在来富康地发现了腓尼基工艺品。后来，希腊字母被称为卡德摩斯或卡尔息迪克 [Chalcidic，以埃维亚首都卡尔息斯（Chalcis）命名的语言]。不过，这些事情到底是在何时发生，近来各方颇有争议。字母引入希腊的时间众说纷纭，时间范围从公元前 1050 年至公元前 750 年之间。直到不久前，我们才有办法理解字母传播的时间和过程。

如果我们假设卡德摩斯不存在，这也是合理的。只是神话通常暗示隐藏在时间之下，以及被民间记忆扭曲的真实情况。若是如此，则可能的真实情况就是在公元前第二个千禧年时，居住在迈锡尼的希腊人攻占克里特岛。在这之前，克里特岛受弥诺斯统治，崇拜公牛。后来，克里特岛上的希腊人又进攻苏尔，劫持当地的女人。倘若神话和真实情况真有吻合之处，也许说成"诱惑"会更好，因为欧罗巴不见得会悍然拒绝想带她走的神祇，而且从语言和考古两方面来看，都透露出希腊和腓尼基的关系是互惠的。线索之一就在底比斯人事实上常常被称为"卡德摩斯人"。"Kadm"不是希腊字根，而是闪语的字根。在乌加里特语中，"qdm"可以表示"东方"，而人称代名词"Qdmn"则表示"东方人"。在圣经里，"ben qedem"——"东方之

第八章 大跃进

子"——指的就是今日约旦和伊拉克地区的游牧民族。从希腊名字中,似乎可以推论腓尼基人——卡德摩斯人——可能是在波俄提亚建立殖民地。单就这一点,便已经能够赋予创造神话的祖先莫大的灵感。哈尔摩尼雅的名字——意指任何事物的组合,从砖块到音符都算——可能源自希伯来语中的"城垛"(armon)。卡德摩斯"娶"哈尔摩尼雅这个神话,有没有可能是个譬喻,表示腓尼基人带着新的书写系统来到底比斯的城垛之下?

这中间少了某些部分,希腊和腓尼基之间的连结似乎太过干净利落。八百英里的航程大约是两星期的航海时间,并不需要一次就走完。沿线还有别的岛屿,其中有一个大岛屿塞浦路斯,离比布鲁斯只有八十英里,和苏尔的距离也不算太远。因此,现在有些学者在探讨希腊人是在何时何地开始采用腓尼基字母时,就从塞浦路斯着手。

这样看来,哪天可能还有别的故事:在公元前 8 世纪左右,某个国王居住在塞浦路斯雄伟的宫殿里。他是希腊人。在两三个世纪前,外来者攻入希腊,国王的祖先被迫离开,来到塞浦路斯。希腊被占领后,连同克里特岛上的姊妹文化,逐渐沦落至蛮陌无知的景况。但是在塞浦路斯岛上,昔日的辉煌历史仍继续延续。塞浦路斯王(他因循古老的称呼,称自己为 wanax)喜爱诗歌、宴客,以及希腊人的故事(我们现在所称的迈锡尼人)。这些已经流传许多世纪的故事,其内容描述了阿喀琉斯、奇诡的奥德修斯、特洛伊城围城等,记载下当年众神住在人间的日子。

这些人并不是受苦的流亡者,他们的乡愁只是假象,用以掩饰他们优越的生活。由于他们往来于东地中海进行贸易,才有这样的生活。塞浦路斯非常接近今日的叙利亚和黎巴嫩，地点优越，能够连接现今的叙利亚、土耳其、希腊等地。在这里，塞浦路斯国王及岛上讲希腊语的子民都相当倚赖外来者，就是刚到此地的腓尼基人。在这些外来者心中，对于大陆上的家园及贸易帝国（在埃及、意大利、爱琴海岛屿，甚至是北非沿岸各地联成一线的贸易帝国）仍然念念不忘。腓尼基人从他们在东岸的两个基地——恩可米（Enkomi）和基提翁（Kition）——开始发展，结果相当成功，部分原因是因为他们用自己的特殊文字做了很好的记录。

　　的确，塞浦路斯岛上的希腊人也做记录。他们到了这个岛之后，很快就采用当地的书写系统。他们发现当地的书写系统比自己的系统"乙系线状文字"还要好。在迈锡尼文化崩溃之前，"乙系线状文字"已经使用好几百年了，它是由八十五个符号和数十个表意文字组合而成。塞浦路斯岛上的书写系统则有五十五个音节符号，改编自一个时间更早、至今仍无法解译的文字。这种书写系统比起"乙系线状文字"好学多了。尽管如此，对于一个没有学术传统的文化而言，仍然稍嫌困难，几乎没有什么腓尼基人愿意学。干吗要学？他们的商人可以把货物清单写在陶片、纸莎草纸卷、上蜡的木板或皮革上，这些东西都可以由会计人员和财务总管携带保管。希腊人并非不聪明，他们有贸易头脑，也有自己生产的物品，不过比起腓尼基人，他们还是居于劣势。因为毕竟塞浦路斯这个名称就是因铜矿而来的，铜矿是这个地区一千多年以来的经济命脉。

　　还有一个原因可以解释为何会从腓尼基人那儿寻找新的书写系统。在这两个文化中，富人都喜欢在界碑、建筑、墓碑上题辞。毕竟，把自己的名字和歌颂得恰到好处的诗文同时刻在石碑上，是最能够使自己的成就不朽的方法。腓尼基人可以轻松地运用他们的子音文字系统，然后让读者自行决定元音的部分。当然，以下的这种情况是有可能的——借用腓尼基字母，放入希腊语中改编，一直改编到大家（甚至是腓尼基人）都看得懂，到底是谁在哪个建筑或哪个墓碑、雕像上题了字。

这位塞浦路斯国王是个雄才大略的精明人物，他任命国内学识最渊博的学者改编腓尼基文字，用来记录希腊语。正如卡德摩斯神话所表示的，现在大家都同意，改编的工作应该是出于一人之手——这个人就像上古世界的朝鲜国王世宗。根据专家巴里·鲍威尔（Barry Powell）的看法，各种改变的组合"毫无疑问，就是表示这套字母是一个人在一段特定时间创造出来的"。也许有一群受任命的学者。你可以想象其间的争论，冗长激烈的商议，一旁还有擅长这两种语言的顾问，指出腓尼基语和希腊语各自都有一些独特的声音存在。显然，光把整套腓尼基字母搬过来用并不可行，因为这么一来，有些腓尼基字母变成无用，而有些希腊音却没有对应字母。为什么要舍弃一套近乎完美的书写系统，而宁可采用外来的发明呢？

没问题。另一派认为，只要能用的部分就使用相同的符号，其余的就用在特别的希腊音。题献诗歌时就需要这样的改编，因为希腊语的元音比腓尼基人的闪语还好用。要写出希腊语的诗歌，你得非常清楚该使用什么元音，并且知道发声要持续多久。因此，腓尼基字母提供了许多方式。试举一例：腓尼基字母的第一个字母是声门闭锁音"alep"，希腊人没有这个音，不过他们的确有腓尼基人无法呈现的音。元音很难确定下来，此外，元音不是永远不变。但是，我们那些好卖弄学问的希腊人可能会说，尽管元音没有办法写下来，但是没有任何一种语言可以没有元音。所以，现在有个改善腓尼基原始字母的机会。例如，希腊语有个元音是"a"。为什么不干脆把这两个东西凑在一起，就是把腓尼基语的"alep"符号加上希腊语的"a"音？所以事情就是这样，塞浦路斯岛上的希腊人保留了腓尼基文字系统的第一个字母,以及这个字母的名称。在希腊语中,这个名称是无意义的声音,但名称就是名称,没有好坏。不管怎样,甚至在腓尼基语中,"alep"和它原本的首字音早已经失去明显的关联。我们可以想象有人问文字改编者:"为什么这叫做'alep'?"另一边给了一个不耐烦的答案:"我不知道。为什么船要叫做船?不就是名称,对吧?"第二个字母"b"——加上助记符号"bayit"的"b"——却维持不变,因为希腊人跟我们一样,与腓尼基人共同使用"b"音。另外的十五个字母的起源已经不详,但名称仍保留着,字尾加上了希腊语的"-a"字尾("alep"变成"alpha";"bayit"变成"beta")。

其他"空下来"的腓尼基语的子音"he"、"yod"、"ayin",变成希腊语的"e"、"i"、"o"。腓尼基语的子音"wau",一分为二,成为一个子音和第五个元音"y"。还有其他的创新,像是新的"f"音,"phi"。改编者似乎不大确定这些字母的方向,因为有几个字母被旋转或是颠倒。还有一组四个相关的腓尼基音和字母——大概等同于"z"、"s"、"ts"、"sh"——被改编者互换它们的声音、名称、字母形状、次序。以下做一个比较,一种是如果改编者做了最合理的选择形式;另一种形式是实际发生的形式:

腓尼基语	应该变成	实际上变成
Zai/a	San/s	Zeta/dz, sd 或是 zd
Semek/s	Sigma/s	Xei/sh, 后来变成 ks
Sade/ts	Zeta/dz	San/s
Sin/sh	Xei/sh	Sigma/s

这些变化产生的原因一直是相当复杂的探讨主题。对"古希腊－塞浦路斯唇软颚音化"(Arcado-Cypriot Labiovelar Palatalization)

不熟悉的人,对这些是无法理解的。但是这里有一些细节我们必须注意。例如,为什么"sh"——腓尼基人有这个音,但希腊人没有——会变成"ks"?连在一起的"ks"分开拼成"k"和"s"应该是绝无问题的,但是为什么要独立成一个字母呢?可能的答案是:在塞浦路斯人的音节文字中,早就有"ks"了。同样的论点也可以用来解释为何会采用"ps"和"zd"的符号[有些古典学者宁可把宙斯(Zeus)念成宙厄斯(Zday-us),让我这种门外汉大感困惑]。这些片断的证据就是绝佳的理由(不亚于其他的理由),可以断定第一位改编者——巴里·鲍威尔口中的"天才与恩人"——就是出现于塞浦路斯岛上。

改编工作完成后,这群受委任者把成果献给塞浦路斯王:腓尼基字母、这些字母的腓尼基名称、希腊音以及一些修改。第一套完整的字母、元音及全部的系统,本质上,这就是西方世界的字母。

也许是吧。但是把传说变成历史的做法,都会充满学术上的争议,而争议更成为激烈的原因。部分地是因为有个不争的事实——希腊人开始使用腓尼基字母以后,有非常惊人、重大的成果。我们得先知道这个情况发生的时间和过程。

首先是年代的问题。传统的纪年是根据铜器时代转换到铁器时代的时间,一般公认是在公元前 1200 年左右,或者根据各个同时期存在的中东文化而定。但是,这样的纪年却留下一段奇怪的空白,内容我们几乎毫无所悉。在公元前 1100 年之前,腓尼基人已有自己的文字,但是最早的希腊版本的证据却只是在公元前 800 年左右。为什么耽延了三百年?传统上,大家普遍接受一个观点,是因为希腊进入了后迈锡尼野蛮无知的黑暗时期，就是这样。但是最近，黑暗时期这个问题又被拿出来检讨。

这个问题可以聚焦在塞浦路斯。从建筑和陶器看来，大约在公元前1000年之前，塞浦路斯掉进了一个黑洞，为时两个世纪之久。甚至连恩可米和基提翁这种大港口似乎都不复存在，一直到了公元前850年左右，腓尼基人抵达此地以后，才又恢复生机。但是这个时期的坟墓——应该可追溯至公元前1000年左右——却显示塞浦路斯应该持续维持荣景；据说苏尔的国王曾经弥平基提翁的叛乱，基提翁出土的一个腓尼基大酒杯可追溯至这个时期［显然是用于某种宗教仪式，酒杯碎片可见令人丧胆的训谕："刺杀这只狗，让它在亚斯塔蒂（Astarte）女神前倒下"］；塞浦路斯的音节表在所谓的黑暗时代之后再度出现；塞浦路斯的陶器在公元前11至公元前10世纪间在巴勒斯坦地区出土。我们该如何理解这个黑暗时代？这仿佛是个吊诡的时代。一群无家可归的人，但是却有足够的财富来举办奢华的葬礼；一座空城挤满了桀骜不驯的腓尼基人；一个不识字的民族还记得怎么阅读；一群穷困的人却制造陶器出口——这些都没道理。

1979年，在叙利亚北部，接近特尔[1]哈拉夫（Halaf）遗址。此地在古时候是阿拉姆人的城市，在圣经中称为戈桑（Gozan）——发现了一座雕像，因此这个问题就更为突显出来。雕像上刻印两种文字，一种是叙利亚楔形文字，另一种是阿拉姆字母。从楔形文字可明显看出，它的年代可追溯至公元前850年。但是阿拉姆字母看起来却很像古迦南语。如果你还记得的话，这种文字应该早在三百年前就有了，因为它们和埃及年表相当吻合。

但是埃及年表本身并不精确。历史学家同意，这个年表可以从公

---

1 Tell，或托尔（Tall）这两个词在阿拉伯语中都是山地的意思。——编注

元前 1800 年各往前后推一百年左右，有些更极端的学者认为，相差三百年都有可能。但是，没有人会特别担忧巴勒斯坦的年代（甚至现在许多专家也不担心），因为巴勒斯坦的年代似乎很明确。然而，这整个地区在公元前 800 年的工艺品，现在却没有办法确定年代。如果我们试着去找到一个平衡的观点，那么就像是拿着几个不同的文化变戏法，所有的文化互相影响。也许最后这三百年的断层会蒸发掉，整个东地中海地区一直到公元前 800 年左右的历史会压缩，然后把黑暗时期缩减到两三个世代左右的时间，只要短到足以让文字和制陶的技术安然度过就好了。

这里还会遇到与最早的字母书写作品（荷马的史诗巨作《伊利亚特》和《奥德赛》）有关的三大谜题。第一个谜是荷马的身份，第二个是他生存的年代，第三个则是他的史诗被记录下来的时间。这些作品是如此的伟大，所以无论它们是在何时被记录下来，后迈锡尼社会一定达到某种复杂度。但这又似乎和大家都接受的一种看法背道而驰：识字是文化复杂度的基础。如果尽是一些穷苦蒙昧的笨蛋，不懂读写，又怎会产生丰富的文化？一个文化怎么可能会完全从一个"非文化"中蹦出来？1795 年，德国古典学者弗里德里克·沃尔夫（Friedrich Wolf）提出荷马可能是文盲的看法，自此，这个问题一直是学界的争论焦点。在 20 世纪 30 年代，大家热烈讨论各种有关荷马的问题：希腊人什么时候开始采用字母？荷马何时出生的？或者荷马何时被写下来？或者两者都有。这些争论仍在持续中。

考古的证据似乎显示，字母引进的时间是在公元前 800 年至公元前 750 年间，所以这可能是荷马的两部史诗被记录下来的时间；但是希腊文化的深度却暗示，字母可能在更早的时间就引进了，这样才能解释丰富的荷马世界。以早期字母书写的散文（比荷马更早）到底在哪里？才华横溢的作品不会毫无任何基础就诞生。也许希腊人把更早的书写系统——迈锡尼人祖先使用的乙系线状文字——保留下来。果真如此，那么证据在哪里？有一个说法是这样的：荷马的作品都写在纸莎草纸上，然后跟腓尼基文学一样也消失了。但这个时期没有任何证据留存下来，而别的时期却有证据留存下来，这不是很奇怪吗？简言之，到底有没有黑暗时期？

如果我们修正传统的态度（就是对于识字的本质的看法），还有可能解决一些矛盾的论点。从识字来界定文化深度，需要四个假设：

- 字母的识读一定是从社会的上层向下扩展。
- 字母一定立刻被认为是伟大的成就，而且立刻被任何一个具有智识和文化的人所采用。
- 不识字的文化必然是简陋的、劣等的。
- 诗比散文精练，所以必然较晚出现。

研究（研究文化在识字之前的本质）显示，以上的假设都是错误的，而且必须以更精准的假设取代。

首先，把未识字的希腊社会说成是"劣等的"，实在是太滑头。许多在公元前5世纪时开始绽放的希腊文化基础，事实上早在五百年前就已经成熟了。公元前1000年，希腊人铸铁、建筑木造神殿，当时所展现的风格可在后来的石造神殿看到。特别是，他们已经脱离部落制度和强大的领主 [像是《伊利亚特》中的阿伽门农（Agamemnon）]，建立自主的城邦（polis）——维系希腊社会达千年之久的制度。这些城邦是小单位，大多数只有现代城镇的大小，俯视山脉之间的平原。城邦所以兴起，可能是为了对抗蛮族，其中建有加强防御的生活区与市集（acropolis的意思即是"高城"），和居尔特人及中古时期的英格兰人的做法很像。后来,城邦的大小变成刚好可以在乡间自给自足的规模,田地、果园、河流平均分布于四周(不像埃及是沿着尼罗河呈线条状发展,也不像美索不达米亚的两河文明)。希腊人从城邦这种需求发展出一种优点:小即是美。公元前4世纪时,亚里士多德写道,一个城邦的人口应该小到足以让一位传令官发号施令。男性公民五千人是理想人数的最大限度,加上女性、儿童、奴隶,总共是两万五千人。到了亚里士多德的时代,实际已经远超过理想人数,雅典和周围地区的人口数已达二十万人,其中的男性公民大概就有四万人。但是如果这个数字在希腊人眼中显得太多,就难怪他们会觉得波斯帝国野蛮。

前字母期的希腊社会——一个不识字的社会,借由文化与贸易结合的小团体——的维系,只能仰赖人与人之间的接触,其间的情形再以集会的方式做出公开的声明。这就是行为如何有系统地被编纂、流传和修正的方式。较单纯的小团体可能不需要正式的集会就可以运作——曾经和我共同生活的东厄瓜多尔的瓦欧雷尼部落(有六百个族人),就是以不超过几十个人的小团体,过着半游牧民族的生活。他们并不需要族长、集会和任何公开的声明。但是随着社会越趋复杂,也需要正式的方法,来规范记忆、身份、行为规则等事项。

但是该怎么做才会有良好的效果?不可能运用日常语言,因为日常语言的本质只有当场的时效性,并且不容易记忆。讯息一定要有感情,它的力量来自简练的陈述、诗行、有力的叙述、配乐,或者以上四者的结合。这些技巧可以把意义浓缩,用醒目的文字把意义加强,然后再耍个漂亮的把戏把文字放进一个韵律和音乐相呼应的韵律中。这就是把讯息、表演者、观众结合在一起的最有效方法。

我们最容易记住的就是诗。小时候我住在肯特郡的一个村落,当时,枪是我的生活的一部分,是消遣也是必需品。父亲反复告诉我枪的危险性，当时他大概是这样说的："现在记住，尽管枪没装子弹，也不要对着人。"他是否这样说，我已经忘了。我记得的是他引用了一小段诗：

> 不，不要拿枪
> 对着人。
> 有没有子弹
> 我不管。

这几行诗对我很有用——十一岁时，我从一个小孩子的派对溜走，跑进史蒂芬叔叔的办公室。我凑巧在角落瞥见一把来复枪，上头有叔叔射兔子用的望远瞄准器。在这之前，我只用过空气枪，没拿过点二二的推膛式枪械。我把枪拿起来，躺在扶手椅上，对光滑的木头和那深色金属的重量立刻着迷不已。我松开手杆，拉开，感觉上油的枪机突出来，然后推了一下。这时某样东西喀一声，枪机就整个突出来。我心想，如果枪已经上膛，那么就可以发射了。这时候，我意识到自己根本不懂得如何在不扣扳机的情况下把枪机退出来。我不能让扳机扳着，史蒂芬叔叔一定会发现有人玩了他的枪。我只能做一件事：扣扳机，让枪机退出来。史蒂芬叔叔成天都在玩枪，不可能把子弹装在里头，因为大人不可能会把装了子弹的枪乱放的。所以，根据成人的定义，如此不会有危险。此外，我还很想看枪机往前跳的模样。那时候，枪指着门，一扇薄薄的木门。这时我看到了，是一扇有着深色外框的夹板门，在门的另一边，一群五岁的小孩子正又笑又叫。"不，不要拿枪"，这些诗句就像棕发和蓝眼珠一样，是我身体的一部分，所以尽管我知道枪并没有装子弹，但我还是把枪指向角落，之后扣扳机，然而枪里竟然有子弹。我想那是我小时候第一次与死亡如此接近，不过并不是由于子弹，因为子弹在灰泥墙上打了一个洞，从地下的砖块炸开，便消失了。我震惊了。我坐着，眼睛盯着墙洞和灰尘，心脏就像只受伤的兔子扑扑地跳着。不可能发生的事竟然发生了，一个普遍的法则竟然失灵了。要不是有那四行打油诗，我，一个小孩子，也可能会杀了另一个小孩。

一直到20世纪20年代，尽管有人提出相左的看法，荷马——西方文学中最古老的两个文本的作者——都被大多数人视为"作家"。然后，年轻的美国人米尔曼·帕里（Milman Parry）修正沃尔夫很早以前的论点。他确信，《伊利亚特》和《奥德赛》根本不应该被视为书写的作品，而应该是"口传文学"。这种相悖的讲法在伯克利大学里并不怎么受欢迎。帕里在法国找到出版商，随后得到哈佛大学的支持，于是便开始检验他的看法。他到塞尔维亚、波斯尼亚、黑塞哥维那等地的咖啡馆，记录当地不识字的吟游诗人的口传诗歌。在那里，他发现吟游诗人能把诗歌代代相传，并且非常流畅。记住一大串文字，然后再讲出来并没什么，重要的是他们光靠手里的单弦琴，就能把每次的表演变成即兴演出。表演时，吟游诗人的每首诗歌都会运用到传统的主题和套式——这些占了"文本"的百分之二十五至百分之五十——然后再进行结合、剪裁，根据观众的反应还会延长演出。整首诗歌都按照固定的诗行形式进行（在本例中，一行十音节，第四音节后休止），中间不会停顿，而且也不会运用太多观众感到厌倦的陈旧套式。

这个研究不容易，因为吟游诗人没有遵循固定的训练方式，而且从来不曾分析自己的作品。就像大多数不识字者一样，他们没学过

"词"，因为他们不知道自己的话语可以分解为词与行。总之，他们不清楚自己做的事是怎么进行的，这些诗歌只是他们语言的一部分。史诗或是史诗中的故事，并没有所谓的正统或大家公认的版本。诗人吟唱时，很轻松地展现惊人的记忆力。

有一位著名的吟游诗人名叫阿夫多·梅德多维克（Avdo Mededovic），帕里记录他好几个星期。这时候出现另外一位诗人穆敏（Mumin），他唱了一首诗歌给阿夫多听，内容有几千行。这首诗歌阿夫多没听过。当被问到他的感觉如何时，阿夫多称赞他的对手，不过他说，即使自己只听了一遍，但是可能可以唱得更好。随后，他吟唱了起来："诗歌变长，装饰和丰富性都增加，而且角色的人性刻画……传达一种穆敏的版本中所缺乏的深度。"以上引自艾伯特·洛德（Albert Lord）的《故事歌者》（*The Singer of Tales*），他是帕里的学生，1935年帕里车祸身亡后，他接下帕里的工作。

帕里的成果为学术界开启了一个新学科：口传研究，同时建立了一种新方法，可以重新评估识字能力的影响。之后，人类学家不管到了哪里，只要有办法就会录下口传诗歌，而文学史家也着手研究古代的文本——圣经、《吉尔伽美什史诗》、北欧史诗——寻找口述传统的迹象。

若是荷马的史诗是用来吟咏歌唱的，那目的是什么？显然，这些诗不是茶余饭后的消遣。这是天才之作，是为了告诉听众它们起源于何处，为什么它们是现在这个模样。为了达到这个目的，史诗里包含大量的讯息。讯息之多，使哈夫洛克称这些史诗为"部落百科"。

举《伊利亚特》的开头为例，开场白是一场争吵："唱起愤怒的歌吧，不朽的缪斯女神！"特洛伊城的希腊人已经洗劫邻近的一个城市，而国王阿伽门农也掳获了一位阿波罗的祭司的女儿当做战利品，并且拒绝祭司归还女儿的请求。阿波罗非常愤怒，引发一场瘟疫。一位先知说道，除非归还女孩，不然情况不会改变。阿伽门农生气了，女孩是他的战利品，他的损失一定要获得赔偿。伟大的勇士阿喀琉斯指出，没有剩下什么战利品。"我们洗劫城市所拿到的东西都已经分完了，有人想改变这点并不恰当。"阿伽门农同意，但是为了弥补自己的损失，他把阿喀琉斯掳获的女孩带走。在一场激烈的争吵中，两人几乎要打起来了。于是，阿喀琉斯退出战争。争议传到了众神那里，他们开始争辩这场争吵是否合理。他们谈到两个领导人，还有希腊人与特洛伊人的功过。于是，整个背景已经定好了，就等宙斯实现他的意志。

史诗开头的一连串事件，混杂了几个主要的社会议题：掠夺物的分配、渎神行为的本质、当权者如何呈现及维护、司令官做决定的方式、君王应有的行为。社会架构放进宗教的架构之中。众神有各自的性格、功能、祭祀地点、祭祀仪式、献祭品。但是神圣与世俗并不是不同的东西。宙斯一到达众神用餐的大厅时，"他们的父亲一到，诸神同时离座起立"。宙斯不仅是众神的家长、君王，也是最资深的神祇。后来随着故事的发展，还有许多实际的细节，包括如何掌控船只、膜拜仪式的进行、动物的狩猎、遗产的传承、妻妾的选择、家务的操持、遗体的埋葬、英雄的哀悼仪式，等等。

只有把大事、人物、争议等项目以叙述的形式呈现，同时运用文体、格律、容易记诵的套式、重复、语言的和谐性等等来加强效果，这样才能让人们把所有的法律与施行牢牢记住。正是这些特色才创造出趣味的感觉——当孩子们觉得语言是新鲜的，词语像是玩具时，就有这种感觉。表演一首歌、朗诵一首诗，朗诵祈祷文——这些都是希腊人称之为音乐的元素，它并不只是"音乐"；它是一种结合词语、韵律、曲调的技艺——分别由九位缪斯职司〔这些缪斯就是谟涅摩叙涅之女（Daughters of Memory）〕。在前识字期的希腊，诗歌隐含的目的就是寓教于乐；如果连娱乐的目的都达不到，就无法起到教导的作用。

哈夫洛克认为，上述观点的证据是根据后来的判断得来的。阿里斯托芬（Aristophanes）的《蛙》（Frogs），就把以前的大诗人称为"实用诗人"。

> 至于非凡的荷马
> 他的荣耀光彩与日俱增
> 只是因为他对于作战命令、英勇行为、武器人员等等
> 都能适时给予指导。

由于荷马被视为具有实用性，所以有些人对他本人以及他受到的尊崇，开始有很大的怀疑。赫拉克利特（Heraclitus）就很严厉："荷马该得的待遇就是丢到窗外去！"在柏拉图的《伊安篇》（Ion）里，一位吟唱史诗的诗人被嘲弄，因为他声称自己懂得荷马，所以凡是能知道的事情，他无不知晓。柏拉图提出教育改革时，又痛斥荷马，说他不过是位"杜撰故事者"。如果他不只是一个"杜撰故事者"，那么他一定跟伟大的老师一样，也会有学生吧？没有，所以他不是合适的教育典范。当然他是个天才，不过这正是他危险的地方。的确，他的作品应该禁止，这样对现代教育才有帮助。

柏拉图从一个识字社会的观点来批判荷马。但荷马的价值不论在识字前或识字后的阶段都一样重要。他的史诗是这两个世界的桥梁，而且依然是记录"口传"根源最特殊的"书写"作品。传统上都把荷马称为吟游诗人，而非抄写人。他只提到一次书写，是在《伊利亚特》第六章：柏勒罗丰（Bellerophon）王子被送到吕西亚（Lycia）国王爱欧巴提斯（Iobates）处。柏勒罗丰身上带着"致命的

密码，魔法的符号"，置于"折叠的笺簿中"，内容指示收信人爱欧巴提斯国王把柏勒罗丰害死。从这几个句子可以看出，荷马和听众都晓得书写这回事，不过并不知道如何书写，因为这封信和一个苏美传说以及圣经中大卫的故事一样，其写作都采用了一种戏剧手法。吟游诗人如何变成作者，这并不清楚，因为没有人记下这个记录过程。荷马和伊尔米库不一样，未曾在作品上签名。或许，诚如传说所言，荷马双眼失明；如果没有失明，他依然无法自己完成抄写的工作。那么，要怎样才有办法说明，这些伟大的字母书写作品出现的原因？只能运用考古学和语言分析所提供的间接证据。

不管字母来自塞浦路斯或埃维亚，或者直接得自腓尼基，字母已经抵达希腊本土，而且融入这个正处于关键的发展阶段的社会——一个年轻的文化，拥有足够的独立单位，能够创造健康的竞争关系，又不至于落入混乱的状态；无外患之虞，经济也得以发展；社会够复杂也够稳定，能够在几个世纪间建立起认同感；对任何稳定的书写系统尚无明显的喜爱。到了公元前 800 年时，希腊文化已经成熟，可以接受文学的革命了。

关于希腊的识字文化，最早的相关证据是公元 1817 年在雅典的底派隆门（Dipylon Gate）附近发现的一只花瓶。这是非法的挖掘活动，当时所谓的考古不过是盗墓，所以无法从同时出土的对象来推断花瓶的年代。从花瓶的风格看来是属于后期几何（Late Geometric），最早可能在公元前 750 年制造。花瓶本身没什么好看的，之所以出名是因为瓶身上写的是腓尼基字母，一个句子的前半部分："谁跳得最优美，就让他……"第一行是六步格韵文，而另外一行只剩下变成潦草的痕迹。

这些到底是什么意思？

我们可以想象舞蹈比赛终了时，胜利者回想起一开始传令官所提到的奖赏，要让家人或领主知道这个花瓶代表什么意义。他对着大家喊："这里有谁懂得腓尼基文？"

有人大方地举手，可能是个建筑师、商人，或是来此游览的腓尼基人。"要我写什么？"

"传令官说：'谁跳得最优美，就让他带走花瓶当奖赏。'"

那人用锐利的石头在黑漆上刻画起来。"瞧，现在花瓶会讲话了！"然后，这位优胜者把花瓶一把抓过去——"可是我还没写完呢！"

太迟了。优胜者已经走了，到处炫耀他的奖品。后来，他看到（或者有人告诉他）句子没写完。他任意加上一两个字母，然后就放弃了。

也许不是这样，也许花瓶在胜利者的家里放了好多年。他年老的时候，把赢得比赛的事情告诉孙子，"孩子啊，要是花瓶能开口讲话，它会讲怎样的故事？"

一个十几岁的男孩正在听。他是一个陶工的学徒，师傅常常在作品上刻写一些文字。

"爷爷，花瓶会讲话。"

"孩子，你在说什么啊？"

"把花瓶给我。我会让它说话。再告诉我一遍，那个传令官说了些什么。"

事情就这么发生了，也许在五十年之后，"腓尼基文字"已经传遍希腊境内，一个十几岁的少年潦草写下这个讯息——后来他忘了要写什么内容，或者是灵感没了，随后草草结束。

这个虚构的少年说到"讲话的花瓶"，的确一点也没错。花瓶四处游历，另一个同时期制造的花瓶在今日的伊斯基亚岛上发现，在那不勒斯出海五英里处。这个岛屿并非天堂，因为当巨人泰峰（Typhon）想从火山下的牢笼逃走时，偶尔会摇撼这座岛屿。但是，岛屿上富含矿物质的土壤很适合种植葡萄，而西北岸的两座天然海港是个容纳五千至一万希腊人的基地。希腊人把这座岛称为皮希库赛（Pithekoussai），但没人知道原因。也许这个岛屿和猴子（pithekos）或瓶罐（pithoi）有关。又或许是某个变成希腊语的当地地名，就像"一战"时，英国士兵把伊普尔（Ypres）变成"抹布"（wipers）一样。自1950年起，当地挖出许多古墓，其中一个古墓埋葬着一个约在公元前725年过世的十岁小男孩。古墓里有一些物品，是不适合陪伴男孩进入冥界的：一个双耳酒杯，从形状看应该是在罗得岛制造的。杯缘上刻有一些残损的文字，如果逐字译的话就是："我属于内斯特（Nestor），是善饮的酒杯。"或许这里指的是聪明的老内斯特——荷马故事中的沙地之城皮洛斯（Pylos）的国王。他拥有一个钉有金子饰钉的酒杯，杯子很大，平常人要很使劲才拿得起来，但是"这个老人不费吹灰之力就拿起来了"。或许这个得意洋洋的酒杯主人就叫做内斯特。接下来的铭文是六步格对句：

请君举杯，一饮见底，至美爱神，欲火袭你。

我们心中出现画面。内斯特很有钱，他乐于花钱买好酒，也乐于花钱在酒杯上（让人看到就想起他）。他喜欢社交的场合，或者用希腊人的讲法，他是酒宴（symposia）的常客。"Symposia"这个词并不是指现今严肃的学术聚会，而是上层社会的男士参加的酒宴。公元前6世纪时，色诺芬尼（Xenophanes）描写这些男士酒兴正浓的情形。梳洗过后，戴上花环，洒上香水，参加者开始饮酒唱歌；内容是英雄、伟大事迹、众神、爱情（这里指的是美少男的爱）。如马格雷特·威廉森（Margaret Williamson）在《萨福的不朽女儿们》（*Sappho's Immortal Daughters*）中所探讨的，希腊的同性恋和今日的同性恋大不相同。男人会在歌唱时炫耀自己如何诱惑别的男孩，借此证明自己的地位（是贵族精英中活跃重要的成员），同时也证明自己是年轻男子的良师。男孩（即将成为真正的公民）则依从这些男人，因为在社会上与政治上，这种暧昧关系很有用。双方并不必然就是现代所说的那种同性恋。

内斯特举杯向着俊美的少年——这个画面和酒杯最后长眠的地点极不搭调。内斯特可能来自罗得岛，随身带了酒杯；又或者他是在当地购买这个酒杯，然后在上面刻字；皮希库赛这里显然也有酒宴；但为什么这个带有情欲意味的物品会和一个小孩埋在一起？如果这有什么故事的话，我想一定是悲伤的故事。

以上两个酒杯（来自雅典和皮希库赛）能够证明，在公元前8世纪晚期的某个时候，字母已经抵达希腊本土和希腊殖民地，这两个酒杯都把字母和崇高的地位连结起来。然而，运用腓尼基字母的书写方式，一开始并不是出身高贵者的首选。在公元前8世纪至公元前6世纪的希腊，并没有什么类似埃及法老王或亚述国王的高贵铭刻。恰恰相反，书写似乎是由下往上，而非由上往下的活动。书写是工匠传播的，不是学者。在口传社会中，与学者地位相当的就是吟游诗人、祭司、领导者。他们可能是当时的保守派。他们热中的是能够与人接触的交际活动（在政府这种浮夸的行业中），以及上流社会的娱乐。

雅典的中心是集会广场（Agora），位于卫城西北方一公里处。"Agora"这个词起初指的是集会，但是渐渐地用来指一个城镇的集会处与市集。先前"Agora"只是一个开阔空间（位于一堆列柱建筑的四周），一直到公元前5世纪的波斯战争以后，"Agora"才以严谨的风格重建。在这儿，任何公众的事务都会发生。祭司、政治家、律师等人和商人、工匠、仆役并肩协力。但我们关注的是工匠：从几百则（在陶器碎片和墙上）涂鸦可看出，他们不仅具有腓尼基字母的知识，而且还积极使用，研究碑铭的人喜欢这些东西。这是鲜活的证据——一般平民留下来的，没有任何历史考量，想到的只是当下那一刻。当人们尝试各种字母形状与风格时，留下的涂鸦就呈现出成形中的字母。其他地方有零碎的发现，甚至有可能从其中辨别出不同的书写者是来自何处。有的是由左写到右，有的是由右写到左，偶尔还会有所谓"牛耕转行书写法"（ox-turning，又称 boustrophedon）的风格出现，因为在每个行末，字母会变成"shguolp ti nehw seod xo na sa sevlesmeht no kcab nrut"。[1]不过没有人能够确定，如果你用牛耕转行书写法时，字母是否该逆写，或甚至是"downupside"（上下颠倒）。

在集会广场，陶工、泥水匠、木匠用石头和小陶片涂鸦，随意练习字母，提醒自己腓尼基字母的顺序。他们把自己的名字写下，就像游客会涂写"某某到此一游"一样。他们在自己的财产上做记号："此杯属于塔里欧。"也会乱写骂他们的同伴："那个男孩很好色"、"希凯拉是好色之徒"。在一个普通壶罐上，还有人写了谐拟的内容，模仿颁给运动冠军的双耳瓶上的铭刻："奥林匹克冠军泰塔斯是个淫乱的家伙。"这是有人造谣中伤强壮的冠军，或者讽刺某位陶工以床上功夫闻名的妻子呢？他们彼此传消息，有一则是："优米里斯，赶快来。阿伯瑞希默思上。"另一则是："孩子，再帮法兰萨斯带些新躺椅。"他们还会写下要买的食物和物品的清单："揉面槽、二十条长面包、四个中型盘子……"

其中有一则小讯息能够用来讲个小故事。它是在一个坑里发现

---

[1] 正常原文为"turn back on themselves as an ox does when it ploughs"。意为，牛耕地时自己转弯。——译注

的，同时找到的还有另两个花瓶，其中一个上面还有某个叫做塔姆尼欧斯（Thamneos）的签名。塔姆尼欧斯似乎跟一个朋友［住在西边二十英里远的美加拉地区（Magaran）］借了锯子。他们两人都是工匠，常常用腓尼基字母给对方留话。住在美加拉的这位朋友正要离开雅典，也许是母亲病了，弟弟找他回家。无论如何，在路上，他突然记起他的锯子。塔姆尼欧斯是要还锯子的，但是这个美加拉人却不能在家等锯子，该怎么办呢？他想到一个稳当的地方放锯子，通往花园的（石头下方）大排水管下面。只要告诉塔姆尼欧斯就可以。他四处看看，在路边找到了一个破罐，把罐底敲下，捡块石头然后写上讯息。他要他弟弟跑回去，把陶片放在塔姆尼欧斯的住处，他会明白。塔姆尼欧斯找到这则讯息，读了朋友的信（用有点奇特的美加拉风格写成的）："把锯子放在花园大门的门坎下。"没问题。他照朋友的指示做，然后随手把两个破罐子和这则讯息丢到一个杂物堆上——两千五百年后，这个杂物堆被人们发现。

在字母传递的过程中，某个人（或者很多人）把口传的故事变成史诗（后来荣耀归于荷马）。由于这个伟大的抄写工作，西方世界的字母读写才开始发生。但是我们无法得知这个转变是何时发生以及如何发生的，而且可能永远都无法解答——除非有某个考古奇迹找到早期的书写草稿。希罗多德断定，荷马比他的时代早四百年，大约在公元前825年。在公元前750年至公元前550年之间，口传文学转变成书写文学。在这段混乱期间的早期的某一刻，荷马从吟游诗人变成了作者。在那之前，荷马是流动的，在每个表演中能够随意重述故事；在那之后，荷马便被固定下来，仿佛飞到一半时被冻结起来；于是，他被抄写下来的作品变成文本（书写的版本各异，直到公元前2世纪，才有公认的版本出现）。

或许使用抄写这个词是不对的。我们可以想象，特洛伊战争后的四五百年之间，希腊城邦制度出现，吟游诗人的团体形成，他们是一群擅长即兴改编古老故事的专家，一起发展出了一整套故事。因循由来已久的传统，他们使用一种特定的韵文形式，每一诗行均为六步格，依照长短元音的数量，六个音步可以含十三至十七个音节。许多故事原本应该是独立的，像是奥德赛和巨人库克罗普斯的故事。有些故事现在在史诗中相隔很远，在当时可能是放在一起的：《伊利亚特》一开头的场景（争吵）是以预言收场，预告后来无可挽回的结果——预告的情节在第八章出现。也许吟游诗人有办法应听众的要求，从全部的内容中萃取出与众神相关的故事，就像奥林匹斯山上的肥皂剧。也许一开始根本就没有起头和结尾，只是一个循环的故事，随时可以切入。

渐渐地，统一的叙事出现。吟游诗人开始编辑，把矛盾的故事删除，这或许是故事的主题不受发展中的社会的欢迎所致，又或许是主题不够强烈，也有可能是年代完全错误。有的吟游诗人开始使用贝壳、纸莎草纸或羊皮纸写下开头的诗行，或写下不同故事的情节，只是用来提醒他们自己，哪些故事是有用的，他们甚至会交换笔记以比较彼此的解决办法。也许荷马的伟大在于他接手全部工作，决定伏笔和情节开展（这些是连结叙事的元素）的先后顺序。又或许这个过程已经进行了数个世代，他只是做些画龙点睛的工作。

无论如何，在字母普及后的某个时期，一个重要的时刻出现。洛德所写的内容（关于帕里与巴尔干半岛的吟游诗人一起合作的事情），可能就是两千五百年前左右所发生的事：

有人走向吟唱者，请吟唱者告诉他歌唱的内容，这样他可以写下里面的词。在某种程度上，这只不过是让吟唱者再表演一次，只是连着表演的时间长一点。但此次却是这位吟唱者所做过的最为奇特的表演。没有音乐，也没有歌声，除了先前演唱的记忆以及心中已经成形的习惯，没有任何东西可以让他跟上固定的节奏。没有这些伴奏，要像平常一样把字句连起来并不容易。连创作词曲的速度也不一样。平常的情况下，吟唱者可以从一个念头快速地移到另一个念头，从一个主题到另一个主题。但是现在他得时常停下来，好让抄写者能够在每一行结尾或是每行中间，写下他所唱的内容。这很不简单，因为他的想法早就跑老远去了。不过，他还是适应这个新步骤，最后将歌曲完成。

一个活生生的东西就这样被记录下来。一个世界牺牲了，创造了另一个世界。

和所有的表演活动一样，类似这样的表演是独一无二的。但是荷马史诗的抄写，在另一个意义上也有其独特性。其他史诗也被抄录下来，有很多史诗是帕里和洛德（在20世纪30年代）在巴尔干半岛工作之后抄录下来的，但是抄录者都是外来的人，并不是在这种语言或文化中长大的。荷马史诗的抄录是唯一的情况：自己创造文字后，又用来记录自己的故事。

如此一来，记录荷马口述文化的文字，其广度和灿烂与这个文化相当，而美索不达米亚和埃及的口述文化（假设它们存在）则不然。尽管是以字母的子音版本写就，圣经仍然缺乏荷马作品中特有的全面性的广度。圣经的文本已经仪式化和简化，呈现出来的是朴素高贵的特质，但是它却缺乏单一诗人作家才能达到的丰富性，以及以往歌唱所呈现的自然特性。

从口语演变到识字的过程相当缓慢，因为仍有一个传统需要克服：吟游诗人所维护的口述传统。诗仍然处于支配的地位。倘若诗人把自己的作品记录下来，那是为了帮助背诵，是为了听众而非读者。已知的第一首由作者本人写下的诗，出现于公元前650年左右，作者是帕罗斯岛（Paros）的阿尔基洛科斯（Archilochus）。梭伦（Solon）律法（可能写于公元前600年前后）可能是被刻在木头上作为记录，但它却以诗的形式公布。自公元前6世纪开始，大量的铭刻产生，不过和亚述国王汉谟拉比的大量铭刻（记录法律）一样，这无法证明识字的普及。演说的技巧并没有衰退，仍然保有其崇高的地位。

公元前5世纪初期，雅典公民有机会书写——他们得投票决定是否要放逐某个危险人物。他们投的票是涂写着名字的陶器碎片（即随处可见、当做便条纸用的陶器碎片）。于是，经由这种方式被逐出城市的人就是"按贝壳流放法放逐"。由于有贝壳流放法，似乎表示每个人都会写字，但是仔细查看这些贫乏的证据之后，我们会发现事实也许并不尽然。有一个关于提米斯托克利（Themistocles）的例子：他是个伟大的军事将领，于公元前5世纪80年代建立雅典海军，与斯巴达交好，然后于公元前479年击败波斯。后来，他主张雅典和斯巴达终止结盟，于是雅典人开始反对他，把他驱逐出境。留存下来的陶器碎片有一百九十个，但是上面的笔迹透露出奇怪的问题——它们并非出自一百九十人之手。只有十四种笔迹可辨识出来，这有可能是严重的选票作弊。或者，比较可能的情形是：即使在公元前473年，离字母被引进的时间已有三百多年，相信自己能把名字写好的公民仍不到百分之十。

一个绘有红色图案的花瓶（上面所绘的是公元前480年的某所雅典学校），更进一步证实以上的观点。瓶子上描绘着一位老师手拿一本荷马课本，另一位似乎正在批改作文。这个画面常被用来解释，这是一堂教读写的课，而在（公元前5世纪）雅典的学校教育中，识字是重要的一环，但解释方式不止一种。在读与写的画面中，学生站着，离老师很远，并不像苏美学童那样，必须坐在书桌前。雅典男孩似乎正在学习朗读技巧而非在阅读。他们知道如何读写，但是读写仍然是低阶工匠做的事情，不是富有的公民的子孙所做的事情。对这些年轻贵族而言，知道如何朗诵是比较重要的。花瓶的画面中所引用的荷马诗句并不精确，不像是引文，倒像是题词。在另外两个场景中，男孩正在学习七弦竖琴与笛子。音乐、诗歌、朗诵：这些技巧，正是公元前5世纪时，一个（上层阶级）雅典男孩所该学习的，而不是阅读和写字。

又过了一两个世代，对于书写，知识分子仍然抱持这种贵族的态度。柏拉图的《斐德罗篇》(*Phaedrus*)中记录苏格拉底和斐德罗的对话。在这篇对话中，柏拉图让苏格拉底引用某位法老王谴责发明书写的透特神（Thoth）的话："如果人类学会写字，那么他们的灵魂里就已埋下遗忘的种子……你的发现只是记东西的处方，而不是记忆的处方。"这不是真智能，只是状似智能。苏格拉底继续说，斐德罗，你知道吗，写下来的字"跟你讲话仿佛它们很聪明，但是只要你提问题……它们只是永远告诉你同样的答案"。此外，任何事情一旦被写下来，你永远不知道谁会去读它。不，为了获得真智慧，你需要和好人发生人际互动——对话——他们是知识的爱好者，就像苏格拉底。当然，柏拉图也是。

不过，到了那个时候，这一定只是精英的态度。识字已经普及。到了公元前5世纪末，大部分的雅典人（或者至少是男性的公民）似乎都会读写。柏拉图提到的"biblia"——单张折叠的纸莎草纸——只要一枚希腊银币就可以买到。可能因为识字带来更好的计票方式,贝壳流放法已经不用了。在阿里斯托芬的《蛙》中,有一个角色随意讲了一些话,这是首次明确提到识字:"我坐在露天平台,自己一个人读着[欧里庇得斯(Euripides)的]《安德罗墨达》(Andromeda)……"这种新的字母书写(具有一系列的元音)最后总算确立了。

这些改变发生之后,有两三个世纪的时间,希腊文学不仅前瞻文艺的未来,也回顾口述的传统。到了公元前550年,有件奇妙的事情——记忆与即兴演出的冲动——已经慢慢地从文化中消失。希腊的集体记忆再也无法保存于吟游诗人——他们用叙事的形式,把历史、音乐、道德和许多实用性知识包裹起来——的脑海与技巧中。

不过其他美妙的事情开始出现。从现在起,这些文化特色逐渐分道扬镳,而且可以当成独立的学科来进行。音乐和文字分开后,形成自己的传统。其他的主题不再受到叙事形式的要求,开始变成专业项目。亚里士多德钻研的领域多得惊人,由此可稍窥这个现象的梗概:逻辑、物理学、宇宙论、心理学、形而上学、神学、伦理学、政治学、修辞学、诗、生物学,等等。在这之前,历史被嵌进荷马的叙事中。现在,希罗多德和修昔底斯成为最早的"现代"史学家,试着用客观证据来记录事件、解释事件。正义(以往是在行为、地位、宗教、欲望间取得平衡)现在变成法庭的事务,有成文法及判例。我们都是民主人,至少这得归功于雅典人(你或许会认为雅典人并非真正的民主人,因为他们把女人、异国居民、奴隶排除在外,但是雅典人却把在理论上所欠缺的在实践中弥补了。有一百五十年之久,民主是雅典人的责任，也是他们的热情，当时雅典人积极参与民主，比例之高，就像今日广大的淡漠选民所占的比例）。

新的思考模式现在有可能产生，至少是容易了许多倍。这是头一遭，思考者能够进行有目的的泛论。在创作或聆听叙事时，要长时间地记住概括性表述并不简单。如果不想让陈述干扰叙事，或者不想让陈述引得酒徒睡着，那么一定得紧凑地把陈述包装起来。然而，现在作家创造的陈述可以独立于角色和情节之外，不需要阿伽门农、阿喀琉斯之类的人物，也不需要用争执来带出这两个人。我们来细究一个著名的概括性表述，亚里士多德的推论："本质上，人类是政治的动物。"在这里，这个陈述有两点最值得一提。首先，这绝非好莱坞电影，不是叙事的题材，我们进入纯思想的领域，思考与全人类有关系的一个伟大真理。其次，这是一连串的证据与逻辑的产物，一旦开启，会引发无止境的争论（"政治的动物"？——但毫无疑问，亚里士多德只是反映他自己的生活方式，是住在城邦的生活？——所以他的意思是说人类在本质上都与公共有关？——或者"城市生物"？又或者说人类"应该"是呢？——这样的话，其他的部落成员、乡村居民、帝国的公民又该放在什么位置？）光靠一连串的论点，而没有简单易懂的文稿支持，要把这种非叙事的结论牢记在心中，是非常困难的。

这种对于普遍性、事实、分析的迷恋，产生了相当有力的知识工具——这样的工具接着产生很惊人的实用性推论。这是令人吃惊的一跳：跳脱苏美人和埃及人的实际考量；跳脱下水道系统的创造；跳脱亚述及巴比伦的宝塔建筑与埃及的金字塔。这一跳，跳到外形的非物质性质中（真实世界中并不存在）。阿基米德设法界定 π 时，或是毕达哥拉斯发现隐藏于直角三角形中的本质时，外形都不是物质的，因为在现实生活中，任何圆与三角，只是"真实的"圆与三角——即心中所想的——的印记，这种印记是粗疏不可靠的。

手边有了字母以后,知识不断地堆砌在知识之上,这是前所未有的,就像是一连串的因果关系所造成的情形。亚里士多德把他著名的吕克昂学园(Lyceum)传给继承人泰奥弗拉斯托斯(Theophrastus)——他们两人都教过亚历山大大帝(他的藏书有数千)。亚历山大大帝在埃及建立了亚历山大里亚(五十个亚历山大里亚中最大的),依循伟大领导者的传统,下令城里要有一间大图书馆。当其中一个将领托勒密(Ptolemy)把亚历山大里亚变成埃及首都时,亚历山大大帝也命令雅典以前的领导者德米特里厄斯(Demetrius,也是亚里士多德的弟子)建造图书馆,使之成为亚历山大里亚的中心特色。亚历山大里亚图书馆于是成为上古世界中最伟大的图书馆——它是个研究中心,任何见诸文字的东西,无论是原著或誊本,都不断涌进来。图书馆、博物馆、神殿均建在一起,这里收集了数学、哲学、政治学、历史、艺术等方面的作品。这里有花园、动物园、天文台。里面的学者举办比赛、节庆活动、文艺竞赛。图书馆的回廊和两翼的柱廊——虽然没人真的知道图书馆的外貌如何——可以容纳一百个学者同时工作。在这里,阿基米德研究"阿基米德螺旋泵"(以他的名字命名);地理学家埃拉托斯泰尼斯(Eratosthenes)提出建议,经由西班牙有可能到达印度;阿利斯塔克(Aristarchos)主张,地球绕着太阳运行。抄写人翻译象形文字与楔形文字文本。官员搭上行经此地的船只,手里拿着要抄写的书籍,据说图书馆有五十万个卷轴与手抄本。然而,历史开始慢慢地遗弃亚历山大里亚,图书馆的声誉不再。公元3世纪晚期,图书馆被焚毁,又过了三世纪(公元641年),阿拉伯人入侵时,残存的馆藏最后落入他们手里。征服者阿姆鲁·伊本·艾亚斯(Amrou Ibn el-As)知道自己的职责:如果这些残存的卷轴符合《可兰经》的教义,回教徒并不需要;如果不符合教义,就没有必要保存。"那么继续干,"他说:"毁掉。"

幸亏有这位想象中的学者，这位字母的采用者，所以早在这一刻以前，希腊文学创作已经成为世界的智慧遗产。在图书馆落成之前，这个求新、求变的发明已经开始寻找新天地以及新民族——心胸开阔，一心想与古希腊人媲美的民族。

第九章

为什么我们不写伊特鲁斯坎字母

公元前 8 世纪的中意大利是殖民开拓者的梦想。就考古学家所能理解的范围，在这块土地上，房舍以芦苇为顶，农人过着铁器时代的生活，这里没有强大的城市、宫殿、城堡、神殿，或是任何形式的石材建筑。腓尼基人涌向西边时，意大利根本不受青睐，他们比较关心的只是成立港口和贸易站——就像非洲北岸的迦太基和尤蒂卡（Utica）——远眺对岸的其他据点（这些据点隔着百英里宽的海峡，位于西西里岛的岛尖）。但是在公元前 800 年，希腊人开始向外拓展时，他们有不一样的做法。他们要的是土地。他们占领了爱琴海沿岸和大陆后，发现东进路线被腓尼基人和亚述人阻挡。西边是意大利，似乎是成熟等待采撷之地。大约在公元前 770 年，来自埃维亚的住民在那不勒斯旁的皮希库赛岛奠下根基，也就是内斯特的酒杯长眠之地。这里并不是一个理想的据点，因为火山喷发不定，此外有些腓尼基人早已在此定居。很快希腊人就往陆地推进，抵达库密（Cumae）附近的肥沃土地，然后到达西西里海岸及意大利南部的其他据点。太迟了，腓尼基人知道危机来临，所以严密监控他们在撒丁岛（Sardinia）和巴利阿里群岛（Balearics）上的殖民地，在贸易站、据点、原料等项目展开一场长期竞争。

在这场缓慢开展的竞争中，第三支民族兴起，与先前的两支主要民族完全不同，这支民族未来对于他们的家乡有惊人的影响力。他们就是伊特鲁斯坎人（Etruscan），是意大利最早的城市居民，其所拥有的艺术、建筑、社会结构、字母等成就，几乎可以大书特书，与希腊人媲美。他们建立城邦统治时，触角伸出台伯河南方，直达蛮陌的拉丁姆（Latium）地区，建立另一个更具规模的城市。不过厄运却降临了，因为讲拉丁语的居民细心吸纳伊特鲁里亚文化、字母，以及其他事物，由于吸纳的程度广泛，最后拉丁人把他们的奠基者与语言都湮没在神话中，唯一遗留下来的，只剩下伊特鲁里亚（Etruria）这个地名，以及数以万计的大石雕与墓碑上的文字。建立罗马的不是罗穆卢斯（Romulus）[1]，也不是罗马居民（他们将字母传给欧洲未来的统治者）。建立罗马的是伊特鲁斯坎人，他们早已销声匿迹，现在仍待复兴。

托马斯·登普斯特（Thomas Dempster）这个人几乎快被遗忘了，他是个学者，也是个坏家伙。当代的《大英百科全书》中没有提到他。不过我们往前追溯的话，会发现他的美名与恶名与日俱增。1911年版的《大英百科全书》以一整栏记载他的事迹。这个杰出、自傲、好斗的苏格兰人在世时（正值莎士比亚的年代），整个西欧地区对他爱恨交加。他在意大利过世时，已经完成七卷内容浩繁的书籍。我们所以在本书中谈他，是因为这几本书把当时与这个神秘民族相关的事物都概括记载下来——由于这个神秘民族的存在，字母得以从希腊跳到罗马。登普斯特可谓是伊特鲁里亚学的始祖。

根据他本人所述，他在1579年出生后就表现惊人。他父母生下

---

1 希腊神话中的古代罗马居民。——编注

二十九个子女，他排行二十四，是三胞胎之一。他说他三岁时只用一个小时就学会了字母。他的家庭生活粗暴不堪，仿佛麦克白故事的翻版——哥哥詹姆斯娶了父亲的情妇，导致家中不睦，因此被迫逃往荷兰，并在那里与官员争吵，后来被四马分尸处死。才十几岁时，登普斯特已经不容小觑：他身材高大，头发乌黑，"体形高贵，体力胆识不亚于任何一个军人"。苏格兰天主教徒与法国素有往来，当然这种关系可能招致危险，登普斯特却借此关系到巴黎、罗马、杜埃（Douai）接受教育。他在杜埃写了一篇粗鄙的文章攻讦伊丽莎白一世，导致英国学生暴动。由这次事件可初窥他那种暴烈的性情——鲁莽、才华、夸大、博学——终其骚动的一生都是如此，他还把这次事件写成斗殴与逃亡的颂歌。他才十几岁时，就在图尔奈（Tournai）发表演说，随后在巴黎取得法律学位，然后在图卢兹（Toulouse）教书，后来因与人发生口角才被辞退。他获推举到尼姆（Nîmes）担任修辞学教授，为了这个职位，他与人起了激烈的争执，被控诽谤，所以就逃走了。他在西班牙的教书生涯也发生类似情况，随后结束。回到苏格兰后，他和神职人员起了争执，因此他只好前往法国。博韦（Beauvais）地区有许多教职，所以他去那里，结果他在那里又发生了最下流的一次争吵事件。他跟一个年轻军官争吵之后，把对方捉住，脱光衣服，让一个"好色的家伙"公开鸡奸。这个受害者的三个朋友（仍然是国王骑马卫队的军官）前来讨公道，登普斯特在许多大学职员面前，把这些军官关在钟楼里好几天。此事导致他离开了博韦。

不知怎地他就是有时间写作，也能教书，还能与人争吵。1615年，他写书献给詹姆斯一世（James I），因此获邀进入英国宫廷，而宫廷内的英国国教教士反对皇室资助这个好斗的天主教徒。返回巴黎之前，他结婚了，赢得苏珊娜·瓦勒莉亚（Susanna Valeria）的芳心,他时年三十六岁,正是英姿焕发的年纪。瓦勒莉亚非常美丽动人,巴黎人因她而发生暴动。根据百科全书编者皮埃尔·贝尔(Pierre Bayle)在本世纪末所写的,当她和夫婿出现在街上时,"身着炫目衣裳,露出比白雪还洁白的颈项与酥胸,人群四处涌来一睹她的风采。还好他们躲进附近的房子里,不然一定会被挤死。"

我们很快地接下去看。这一次到了罗马,登普斯特重获教皇信任。借由教皇与托斯卡纳(Tuscany)大公柯西莫(Cosimo)的关系,他成为比萨大学教授。在 1616 年到 1619 年间,他写出的作品让伊特鲁里亚学专家都为之赞叹不已。《伊特鲁里亚七书》(*De Etruria Regali Libri Septem*),几乎收录当时所有与伊特鲁斯坎人的起源、风俗、历史、征战、政府相关的资料。他把手稿拿给赞助人柯西莫看过以后,教皇乌尔班八世(Urban Ⅷ)给他一笔赞助金。这成就了他的美名;不过恶名也不远了。由于登普斯特每天花十四个小时读书,瓦勒莉亚也许是感到厌烦了,所以和一个英国学者私奔。登普斯特怒不可遏,四处寻找。当时是夏天,托斯卡纳是瘴疟之地。9 月 6 日,他热病发作,死于博洛尼亚(Bologna)。

柯西莫把登普斯特的手稿归类到伊特鲁斯坎人这一条目。不过一个世纪之后,当这批手稿最后出版时,所有与伊特鲁里亚相关的事物,像壁饰、青铜制品、雕像、陶器、铭刻,等等,都在全国流行起来,随后又在国际间流行起来。在考古学出现之前的年代,对地主而言,流行代表收益;对农夫而言,流行代表工作;对有钱人而言,流行代表时髦的收藏品;对无价的传统而言,流行代表毁灭。有一个地主名叫卢西恩·波拿巴(Lucien Bonaparte)——即拿破仑的长兄——把两千件伊特鲁里亚艺术品卖掉,都是 19 世纪 20 年代他在占地仅四英亩的田产上挖出的。此外有好几万座坟墓被挖掘,然后洗劫一空。1843 年,在伏尔奇(Vulci)的一个挖掘现场,英国考古学家乔治·丹尼斯（George Dennis）绝望地望着，因为有个工头下令，古文物市场上不能卖的东西一律打碎。"工人用脚踩碎，仿佛它们是'比海草还便宜'的东西。我们恳求，希望能抢救一些，不过没用；他们是'愚夫'。"然后坟墓就被填满，上面再犁耕过去。大博物馆的馆藏品就是来自如此掠夺破坏的私人搜集。在过去出土的古物中，这些收藏品只占极小比例，只是伊特鲁斯坎人（他们是令人着迷的民族，既先进又富裕）留下的少许遗迹。罗马人与欧洲都深受他们的影响，只是大多数人不愿承认罢了。

尽管出土古物极多，伊特鲁斯坎语就跟伊特鲁斯坎人一样，仍然非常神秘。全部的铭刻文字都很短，除了最简单的词以外，其余的都不是以双语对照呈现。所以，即使是最早的大篇幅内容还无法解译，它们的意义是在被人发现很久以后才意外彰显出来的。

在 19 世纪中期，由于欧洲需求增加，一种利润极高的行业应运而生——贩卖法老坟墓中的棺木及木乃伊。游客常常被骗，买到用破布捆扎的木屑和动物骨头。1848 年，克罗地亚官员麦克·巴里克（Michael Baric，派驻于亚历山大的奥匈帝国大使馆，是个业余的埃及古文物爱好者）买到一个石棺，结果里面有一具真的木乃伊。他把木乃伊带回家。接下来十年，他把木乃伊立在客厅一角，告诉来客那是匈牙利开国国王史蒂芬一世（King Stephen）的妹妹。巴里克过世以后，他的弟弟将木乃伊转赠给萨格勒布博物馆（Zagreb Museum），馆方将捆扎的布条拆开，大吃一惊，因为他们发现亚麻布条上面写的内容是"无法译解的不明语言"。德国重要的埃及古物学者海因里希·布鲁格施（Heinrich Brugsch）检查这些内容，但是无法理解。

这些东西就放在那里。到了 1877 年，理查德·伯顿（Richard Burton，冒险家、探勘家、作家）碰巧在埃及遇到布鲁格施。伯顿当时在的里亚斯特湾（Trieste）担任领事，曾发现尼罗河源头，引起各方激辩。他是个活生生的传奇人物。他在学术方面触角广泛，其中一个领域是卢恩文字母，一种在北欧存在超过一千五百年的字母。布鲁格施把萨格勒布木乃伊这件事告诉伯顿："当我发现那些字不是象形文字，部分是希腊罗马文字，部分是卢恩文字，可想而知我多么惊讶。"伯顿很着迷。他寄出一封信，请求当地驻萨格勒布的英国副领事加以协助。

1878 年初，副领事菲利普·库特利（Philip Cautley）拜访博物馆馆长，此举开研究伊特鲁斯坎语的先河（大篇幅的伊特鲁斯坎语文献有两份，这次研究的是其中一份）。库特利看不懂。虽然伯顿曾经写过伊特鲁斯坎艺术品的文章，但他也看不懂。其他人也一样。1882 年，伯顿在《皇家文学协会沿革》（Transactions of the Royal Society of Literature）中发表文章摘录，不过这项发现未受重视，一直要到 19 世纪 90 年代，专家在维也纳开始研究木乃伊的布条，这些文字才公诸于世。

为什么一个伊特鲁斯坎人会在捆扎埃及木乃伊的亚麻布条上书写呢？奥地利研究员雅各布·克拉尔（Jakob Krall）成了侦探。书写内容位于布条里面，紧贴着木乃伊的皮肤，所以其目的不是展示用的。此外，布条任意扯开，各行文字已经混在一起。简言之，木乃伊和布条之间不一定有绝对的关系——除非这个女孩是伊特鲁斯坎人，罗马失陷后他们举家逃到埃及。如果真的是这样，那么这些布条就很重要，不应该如此草率处理吧？专家们比较赞同这样一种说法：这个女孩是埃及人，布条是手边就便使用的，这可能是伊特鲁斯坎人逃难者丢弃的。

萨格勒布木乃伊把无人闻问的伊特鲁斯坎人唤醒。不过这个挑战有个难处，一般而言，如果说一个死亡的语言是无法理解的，那是因为这个语言无法让人读懂。如果说它可以读的话，那么这个语言则与邻近的文化必然有着密切的联系，因而它一定能够理解。然而，伊特鲁斯坎语不是这样的情况，它属于完全不同的语族，与该地任何语言都不一样；事实上，找不到任何与它同语族的语言。一种语言跟别的语言如果没有任何关联，也没有任何双语对照的资料，那么其意义就不可得知。这个一千两百个词篇幅的文章，是由五百个左右的词构成的。通篇有许多重复的部分，因此很容易阅读，这是因为上面写的跟大部分的伊特鲁斯坎铭刻一样，是易学的希腊－腓尼基字母。还有约一万三千个铭刻已经解译出来，大部分内容都很短，刻于墓碑、骨灰瓮、石棺之上，都以腓尼基人与希腊人熟悉的字母所写。有很多名称，其中一些是很常见的：Aplu（阿波罗）、Hercle（赫剌克勒斯）、Alexsantre（亚历山大）。从简短的双语铭刻及希腊作家提到的事物，已经得到大约一千个词，其中约有一百个词的意义已经被大家认同，但文法的线索仍然极少。

这个谜团总是引来各种奇怪的看法。直到现在，仍一直有一些自诩正确的译文出现，大部分译文都直截了当，显得很有自信，它们任意采用某种语言来解译伊特鲁斯坎语，像是巴斯克语、古挪威语、居尔特语、图阿雷格语[1]、马来语。在所谓的《萨格勒布木乃伊之书》中，我们举亚麻卷轴上的一句咒文为例：

Ceia hia

Etnam ciz vacl trin vale

---

1 Tuareg，非洲撒哈拉中部地区的语言。——译注

一位法语翻译家——亦是知名教授，认为芬兰语是解读伊特鲁斯坎语之钥匙——坚定地认为这表示："叫！用力！现在回答——大声，提高声音！注意！"另一位学者认为伊特鲁斯坎语源自埃及语，因此提出不同的解读："火光已经冒出，来分配食物吧。"还有一些其他的看法，也是这么怪异，但也同样自信满满。其中有一个是以北欧语为基础的版本："狂怒地迈开大步，对盛宴施法，三倍的混乱……"还有一个阿尔巴尼亚语版本："召唤幽灵，召唤幽灵到先祖前，复活……"

如果伊特鲁斯坎人曾写下历史，且是以两种语言写下的，那么他们写的东西应该是已经毁灭不见了，不然就是等到未来才会出现。专家在寻找伊特鲁斯坎人的起源时，对于考古学、艺术品、神话的推论结果，以及希腊罗马作家的线索，一定是凑合着尽量使用。

希罗多德写作的时间约在公元前 5 世纪，其时伊特鲁斯坎人已经统治意大利中部达两个世纪。希罗多德认为伊特鲁斯坎人来自土耳其西部的吕底亚（Lydia）。吕底亚以两项特点闻名于世，其一是首都萨迪斯（Sardis），再者是以财富著称的克里萨斯王（Croesus）。根据希罗多德所述，吕底亚发生严重的饥荒，半数人口跟随传说中的第勒诺斯王子（Tyrrhennos）移居他处（Tyrrhennos 是 "Etruria"、"Etruscan"、"Toscana"、"Tuscany" 等字的字根。此外，那不勒斯这一侧的地中海居民也是以这个字为名称）。他们往西到达士麦纳[1]，成立舰队，驶离希腊，在意大利找到新的家园。相信这种看法的人从

---

1 Smyrna，现在的伊兹密尔。——编注

含糊的证据得到这种结论，但许多考古学家现在对这种看法存疑。这些含糊的证据包括：伊特鲁斯坎人和吕底亚人有相同的骰子游戏、坟墓和肖像类似、喜爱笛类音乐、都建有供奉诸神的万神殿。修昔底斯（Thucydides）曾经提到第勒诺斯人，他们来自爱琴海北部的利姆诺斯岛（Lemnos），当地有一块墓碑，上面刻写的字母可能就是伊特鲁斯坎语，不过这块墓碑的年代似乎早于伊特鲁斯坎人可能抵达意大利的时间，也许是后来有某些伊特鲁里亚的旅行者把同伴葬在这里，因此就开始了这一整个故事的环节。目前唯一可确定的是，从坟墓的证据看来，伊特鲁斯坎人大约在公元前 750 年已经在意大利了。五十年后，这些坟墓成为纪念性的建筑，接下来的许多个世纪也是一样——如房舍般坚实的墓室，其内建有简陋的地窖、圆圈状的石墙、一整片墓区，里面的陪葬物教人想起这个文化的富裕与精致（希腊人对此文化并不陌生，后来荷马在史诗中会提到）。

在那个时期，伊特鲁斯坎人已经开始建立他们最初的城邦。他们耕作农地，清理林地，排掉沼地的水。城镇崛起，不过还没有后期城镇特有的巨大石墙，因为还没有出现敌人。往南，他们在今日罗马附近建立西里和维伊；往北，他们建立塔奎尼（Tarquinii，伊特鲁斯坎人认为这是他们奠定基业的城市）、威德路那（Vetluna）、罗什拉（Rusellae）、普普路那（Pupluna）、瓦莱提［Valethri，即今日的沃尔泰拉（Volterra）］，以及卡马斯［Camars，罗马人称之为克卢细安（Clusium），今日的意大利人则称之为丘西（Chiusi）］。更往内陆则建立了阿雷左、佩鲁贾、科尔托纳——要是哪个伊特鲁斯坎人复活了，看到这几个地方的高墙和石片一定觉得很熟悉。石铺路联系各个城镇，港口有各种船只停靠：非洲的船只运来象牙、宝石、鸵鸟蛋；阿拉伯的船只运来熏香；安纳托利亚的船只运来大锅子；希腊的船只运来油脂、香水、陶器。陶工做出美丽光滑的黑色瓶子，上面饰以埃及和美索不达米亚的神话人物。伊特鲁斯坎人栽种——也许还引进——酿酒的葡萄，并且制造美味的母羊奶布可瑞诺奶酪。他们了解排水设备及城市的供水系统，建了精良的高架渠。他们有高超的金属工艺。普普路那城镇区之外有巨大的赭色小丘，在上一个世纪证实这是堆置矿渣的地方，由于富含铁金属，因此在第一次世界大战期间，意大利人开挖此地来制造炮弹。他们喜欢音乐：伊特鲁斯坎人的笛子演奏者技艺高超，据说他们能够吹笛子诱捕动物，而伊特鲁斯坎人的作战喇叭则被罗马人采用，成为他们的低音大喇叭。富人的坟墓以希腊风格的壁画作装饰，屋顶与石棺则装饰着真人大小的赤陶塑像。一个特别的建筑风格出现——门廊（atrium）——起初这个词就是伊特鲁里亚语"入口"（entrance）的意思。欧洲从伊特鲁斯坎人那里得到一个很不祥的东西：王权的标志是一把斧头与荆条绑在一起。罗马人继承这个标志以后，这个标志被称为"fascis"（即"bundle"，意为"束"）。两千五百年之后，墨索里尼利用这个标志与名称为他的法西斯党人（Fascists）命名。

然后就是字母。在荷马的时代，某个民族从土耳其向西迁徙，经过爱琴海，途中他们可能向腓尼基人或希腊人学习字母。吕底亚字母与伊特鲁斯坎字母中都有一个新字母 f，看起来就像数字 8——有些人看出这点的重要性。不过吕底亚字母（只能从一百个左右的证据中得知）比最早的伊特鲁斯坎字母还晚出现：吕底亚字母及其中的 f/8 符号也有可能是反方向传播的。如果这个迁徙故事真的可信的话，那么在伊特鲁斯坎人拥有安稳的基地、城镇、经济、财富之前（这些财富足以用来建造需要铭刻的纪念建筑），书写在他们心中似乎不可能有重要的地位。不管伊特鲁斯坎人到底是移民还是本地人，到了公元前 700 年的时候，这个金属充盈的文化——具有活力与雄心，即有可能创造文字或是采用文字——附近就有一个知识的宝库，那就是来自埃维亚的希腊殖民者（他们定居于伊斯基亚岛与库密，已经到了第二或第三代）。伊斯基亚岛与库密位于南方，距离伊特鲁斯坎人的南方边界只有一百二十英里。

在平原上，从奥尔贝泰洛（Orbetello）往内陆十英里，大河旁就是马锡瑞安纳（Marsiliana）村落。在公元前7世纪，这里是居住的好地方。村落位于陡峭的台地上，本身为一天然屏障，可俯瞰肥沃的原野，可航行船只的阿本那河（Albegna）提供原野的灌溉水源。马锡瑞安纳地区的繁荣持续了约两百年。这里富裕的情况可由当地约百座的华丽坟墓得知，这些坟墓建造时，得先挖穿上层硬质的石灰岩（即石灰华）或巨大石灰华石板围绕起来的沟状墓穴，然后再挖进砂砾层之中。有一个坟墓被称为"象牙之圈"，到处都是金饰、铜器、象牙器物，年代可追溯至约公元前625年。虽然大部分的东西都远从美索不达米亚进口，但其中几件小象牙一定是在本地雕刻完成的，因为上面有形状似狗、长着弯曲鬃毛的动物——没看过狮子的雕刻家雕的。

其中一件东西特别重要。那是一个矩形的小刻写板，只有八厘米长（三英寸多一点），有浮雕饰边，其中一边有类似支架的东西。在埃及和腓尼基，这种形状的刻写板再寻常不过了。这种刻写板涂上一层薄蜡，可以用尖笔在上面涂写。只要滴几滴蜡就可以使表面恢复。不过这种东西太小了，不实用。刻写板上方从右至左写了一排希腊字母，全部二十六个字母。这个东西摆在坟墓里做什么？最好的答案就是，这个东西是某个富裕又有成就的人所拥有的。他懂字母（至于这个奇怪的东西，他就凑合着使用），所以他一直把这个玩具刻写板挂在脖子上，证明自己是博学的，同时也证明自己和精致的东方有关系。此外，这块刻写板还可用来随时参考之用。城镇毁掉不久，他就过世了，这块装饰物和他埋在一起。

其他发现显示,希腊—腓尼基字母成为一种广泛传播的知识。丧葬的铭刻列了数千个名字。壶瓮上写了拥有者的名字,墨水瓶变成字母的备忘便条。有一个墨水瓶是小公鸡的形状,制作时间约在公元前 600 年,旁边写有一圈字母,好提醒写字者字母的写法,其中有二十二个腓尼基字母,外加另外四个希腊字母,后来,伊特鲁斯坎人停用 "b"、"d"、"g"、"o" 等字母。8(f)符号稍后出现,留下一组二十三个符号的成熟字母,但是这组字母依据的并不是古典的希腊形式,而是邻近的埃维亚居民(位于伊斯基亚岛)所发展的变体形式。

至于这组字母为什么变成罗马字母,那就是一个文化衰落,另一个文化崛起的故事了。

有一句老生常谈,那就是罗马人建立了罗马。直到今日,人们还是这样教导学童,公元前 753 年(从这个城市的基石得知,罗马人认为这就是他们的历史起源),罗穆卢斯在巴拉丁山(Palatine Hill)建立永恒之都罗马。在公元前 1 世纪,历史学家瓦罗(Varro)计算出这个日期,下一代的利瓦伊(Livy)编撰结集出整个故事。不过利瓦伊没有妄称他讲的全都是真实的。他说,古老的故事"比合理的历史记录更具有诗歌的魅力……我认为,当古人没有在人类与超自然之间画出明确界线时,我们没有什么理由反对;这样可以增添昔日的光彩"。

本世纪的考古学研究提供了利瓦伊无法提供的东西:那就是罗马起源的描述,但是获得光采的不是罗马人,而是伊特鲁斯坎人。公元前 8 世纪,当拉丁部族开始在山丘上建立抹灰篱笆墙小屋的村落时，古罗马七山早已经存在好几千年，这些村落慢慢地扩展到其他溪谷地区（当时还未被台伯河的洪水变成散发瘴气的沼泽地）。大约在公元前700年，伊特鲁斯坎人被吸引到这个地方，他们看中这里的浅滩与不会淹水的山丘。这是扩展的好地点：接近内陆，可以在河上架桥；离海岸不远，能够拥有大洋航行的船只。一只破壶上面有"UQNUS"的字母，制作年代就是这个时期。这是罗马最早的铭刻文字：是伊特鲁里亚文字，不是罗马文字。再稍晚一点，出土的遗迹是西里和维伊附近制造的壶罐——都属于伊特鲁里亚。从罗马东南方几英里处的两个王族坟墓——公元1855年与1876年于普雷聂斯特（Praeneste）发现——可以看出，早在公元前7世纪初期，伊特鲁斯坎人已经和平地深入这个荒野地带。经过几代以后，大约在公元前625年，第一个石料厂出现。在伊特鲁斯坎人的引导之下，拉丁人的抹灰篱笆墙小屋消失，一个伊特鲁里亚城市开始出现。他们称这个城市为罗姆鲁亚（Rumlua），后来又变成罗穆卢斯，然后这个城市名就像卡德摩斯和第勒诺斯一样，变成了人名，然后被赋予传奇的起源，并且增添一些虚构的继任者。

罗马历史有记载的第一个国王卢克莫（Lucomo）并不是罗马人，他来自伊特鲁里亚的主要城市塔奎尼，他和年轻的妻子决定在边境地区谋生，当地只有散居的村落与不识字的部族。定居下来以后，他取了一个新名字塔奎尼乌斯·皮斯克斯（Tarquinius Priscus），纪念他的故乡。到了公元前607年左右，他已经成为统治者，抵御邻近的拉丁部族并且成为罗马的第一个创造者，因此巩固了地位。运用攻打邻近部族时劫夺的财物，伊特鲁里亚派工程师建立排水设备，清除卡匹托山（Capitol）和巴拉丁山之间的沼泽地，把支流封在岩石涵沟中，在合适的地基上砌上晒干的砖块。从考古地层资料得知，大约在公元前575年，以干草芦苇为顶的抹灰篱笆墙小屋被夷平，残余的部分被覆上碎石垫层，变成巴拉丁下方的开阔空间：广场（Forum），未来罗马帝国的中心。

塔奎尼乌斯的成功带来了挑战——一个叫做马斯塔纳（Mastarna）的伊特鲁斯坎人展开侵略，夺取权力之后，重新为自己取名为塞维乌斯·塔里乌斯（Servius Tullius）。在四十年期间，他完成了一个社会革命——征税、财产普查、人口调查、法律制度——这些都用来维持一个规模与力量空前庞大的军队。罗马在军队的管制下，成为一个城邦，每个居民都分属于一个百人的军队——"百人队"（century），指挥者就是百夫长。

塔奎尼乌斯的孙子骄傲的塔奎（Tarquinius Superbus，或称Tarquin the Proud），以残暴的手段接收了这种系统。新的城镇继续发展。在巴拉丁山与亚芬丁山（Aventine Hill）之间的半英里长谷地，开始建起圆形竞技场。塔奎知道他要什么：在塔奎尼地区有一幅壁画，描绘伊特鲁斯坎人葬礼时的竞赛运动，画中有短跑选手、拳击手、掷标枪手、行进中的战车手。从伊特鲁里亚引进的马匹与运动员进行最初的竞赛，自此开始了罗马人为时一千年左右的娱乐活动。一座祭祀提尼亚神（Tinia，伊特鲁斯坎人的朱庇特神）的木质大神殿，矗立在卡匹托利山（Capitoline Hill）之上，这座神殿甚至可以和所罗门王在以色列重建的神殿媲美。一条大下水道总长六百码，起点在城镇中心的广场，终点在台伯河（部分下水道仍存在）。塔奎根据祖父的蓝图发展。他身穿紫袍，在祭典场合戴着黄金头冠，身旁簇拥着十二个执法随从，每个人都拿着斧头与成束的荆条，象征伊特鲁里亚的十二个主要城市。

罗马成为伊特鲁里亚的主要城市之一。伊特鲁里亚的统治扩及南方，横跨坎帕尼亚（Campania），威胁希腊殖民地库密。因此伊特鲁里亚成为地中海异文化政治关系的主要操弄者。大约在公元前600

年，希腊殖民者定居于法国南方的马萨里亚（Massalia，今马赛）。这些福西亚人（Phocaean）——从今日的福恰（Foca）到土耳其西部海岸——在波斯崛起时被逐出当地。他们抵达此地，无异在火药桶中引燃火花，因为他们可以垄断锡的贸易［从英国沿着罗纳河（Rhône）运到此地］。迦太基的腓尼基人则是例外。伊特鲁斯坎人也一样，他们看到海岸贸易受到威胁，此外，他们与腓尼基人及爱琴海的接触也受到威胁。公元前545年，希腊人入侵科西嘉，伊特鲁斯坎人开始采取行动。伊特鲁里亚与迦太基结盟，成立一支拥有一百二十艘船的舰队。在一场地中海地区最早也最重要的海战中，他们击败希腊人，地点就在阿拉里亚（Alalia，希腊人在科西嘉的基地）附近的海域。

现在没有危险了，伊特鲁斯坎人再度向外拓展。到了公元前550年，他们已经控制意大利中部，从今日的比萨到那不勒斯地区。伊特鲁斯坎人开的路蜿蜒于三千英尺的"Passo della Colline"，直达佛罗伦萨。大约在公元前500年，他们在博洛尼亚那外围马佐波托（Marzobotto）村落附近，建立一座城市米萨（Misa）——当地窗格状的街道，以及房舍、工厂、一座卫城、两间神殿，到现在还看得到。皮亚琴察（Piacenza）、摩德纳（Modena）、曼图亚（Mantua）、拉韦纳（Ravenna）都是伊特鲁斯坎人建的。有一个护卫波河（Po）——容易发生水患的河口被伊特鲁里亚的水力工程师控制住——的伊特鲁里亚城镇被称为阿得里亚［Atria，意为"入口"（entrance），跟建筑风格的"门廊"（atrium）为同一字源］，这个名称后来就用来称呼亚得里亚海（Adriatic）。商人冒险进入阿尔卑斯山山麓以及更远的地区。北欧已经敞开。居尔特人的首领用伊特鲁斯坎人的酒壶，从伊特鲁斯坎人的青铜大锅中，舀起伊特鲁斯坎人酿的酒。

他们不管到什么地方，都带着字母，阿尔卑斯山北边的日耳曼部族一定知道这回事。有些学者根据贫乏的证据提出他们的看法：日耳曼部族改编字母。某个很有魄力的日耳曼人创造了后来大家所知的卢恩文，这种字母沿着贸易路线向北方传播，从多瑙河一直到斯堪的纳维亚与英国地区。伯顿没有继续追踪萨格勒布木乃伊这条线索，丧失了多好的机会啊！卢恩文字母有自己的故事，因为它一直敌不过另一种字母，就是伊特鲁里亚字母在罗马的后继者。到了17世纪时，卢恩文字母就在瑞典的偏远地区消失了。

以上所述引发了一个问题。伊特鲁斯坎人果真这么成功，不仅控制拉丁部族，而且还拥有自己的书写系统，那么为什么存活下来的是罗马文化，而不是伊特鲁斯坎文化？为什么我们不用伊特鲁斯坎字母来书写，而是用罗马字母？拉丁人怎么扭转形势，才能够把伊特鲁里亚及伊特鲁斯坎字母消灭，然后夺走他们的书写系统？

整件事情也可能完全不同——伊特鲁斯坎帝国出现，因此整个欧洲都使用伊特鲁斯坎书写系统，最后扩及全世界。

答案在于命运、历史、诸神等因素，现在转而与它们一度宠爱的孩子为敌。

每个学童都知道，罗马在公元前509年驱逐塔奎，成立共和政体。随便翻一下罗马史就知道，有很多拉丁人反抗伊特鲁斯坎的暴政。事实上，叛变是伊特鲁斯坎贵族发起的，而根据最新法律，他们保有两个最高阶层的执政官职位。全部的伊特鲁斯坎制度仍维持不变：王冠、令牌、象牙御座、紫色滚边王袍、执法随从所拿的荆条。流亡的塔奎想夺回自己的城镇，因此其他的伊特鲁斯坎城市卷入战争之中。克卢细安（Clusium）的拉尔斯·波西纳（Lars Porsena），率领一支军队前来攻打。当时贺拉提乌斯（Horatius）把横跨台伯河的唯一一座木桥截断——麦考莱（Macaulay）内容澎湃的诗作，只是把这个有名的传说重述一遍——但是拉尔斯·波西纳的军队并未被阻挡下来。事实上，波西纳用围城的方式打了胜仗，让伊特鲁里亚尝到苦头——伊特鲁里亚南北两区可能会被截断。

伊特鲁里亚的力量与魅力也是本身的致命伤。伊特鲁里亚是由独立高傲的城邦构成的，彼此之间很难长久结合；伊特鲁里亚帝国不是以征服起家的，主要凭借的是贸易与文化。他们想要以武力来得到他们过去以和平手段获取的东西，这正是他们毁灭的原因。虽然伊特鲁斯坎领袖继续统治罗马五十年，罗马人——被雄心万丈的伊特鲁斯坎人殖民的普通人——以一种和伊特鲁斯坎人完全不同的严格态度，创造了自己的繁荣与权力。如果他们阅读书写的话，用的是自己的拉丁语言。他们对伊特鲁斯坎人的艺术、工艺、贸易没什么兴趣，对伊特鲁斯坎人豪奢的欢宴感到反感。罗马人与伊特鲁斯坎人不同，他们禁止女人赴宴，也不许女人饮酒。普利尼（Pliny）曾讲过一个故事，有个丈夫因为发现妻子饮酒，所以杀了她，但他却免除杀人之罪。罗马人从伊特鲁斯坎人最初的几位领袖身上学到了最重要的教训：武力可能得付出代价。罗马成了军营，鄙夷奢侈品，拒绝希腊进口的东西，大家穿着俭朴，吃的只是粥糊之类的食物。运动场（战神地）变成了阅兵场。

在更大的舞台上，情况也不利于伊特鲁斯坎人。在公元前482年，一个希腊海军基地封闭了墨西拿海峡（Straits of Messina）。在公元前480年，伊特鲁斯坎人的同盟迦太基人想把希腊人驱离西西里岛时，在西美拉（Himera）遭受严重挫败，船舰损失数百艘，三万人被杀。六年后，伊特鲁斯坎和迦太基联手攻打库密，叙拉古（Syracuse）的希腊人驰援库密，彻底打败进攻的军队。大英博物馆中有个伊特鲁斯坎人的头盔，让人想起这次战败的情况。头盔是献给希腊领袖海尔朗（Hieron）的战利品。海尔朗在头盔上刻上希腊文，然后当作礼物送到奥林匹亚的神殿。头盔上的文字是："迪诺米纳斯之子海尔朗与叙拉古人，把库密一役所得的伊特鲁斯坎战利品献给宙斯。"还有更糟的，海尔朗得到的奖赏是伊斯基亚岛。现在，全部的坎帕尼亚（即伊特鲁里亚的南部地区）都受到海洋威胁，就跟北部地区的通路被愤怒的拉丁人截断的情形一样。在公元前 453 年，六十艘希腊战船攻打伊特鲁里亚港口。在坎帕尼亚，拉丁部族从山区蜂拥而下。庞贝和卡普阿（Capua）有高墙保护，但是没有用。伊特鲁里亚城市现在只能靠佣兵作战，城市逐一失陷。在公元前 425 年，坎帕尼亚已经没有任何抵抗的能力。公元前 415 年，在伯罗奔尼撒战争期间——希腊在公元前 431 年到公元前 404 年间的大规模内战——伊特鲁斯坎人和雅典人联手攻打叙拉古，结果又是大败：五十三艘伊特鲁里亚船舰被灭，七千名雅典人被俘。

　　简而言之，这一个世纪的衰败过程起自罗马的反抗，接着就是战争，而罗马人凶残无比。到了公元前 396 年，罗马人攻打伊特鲁里亚仅存的最大城市维伊已达十年，接着围城的军队借由伊特鲁斯坎人最有名的排水沟和下水道，渗透进入城市，撞开城门。利瓦伊写道："可怕的喧嚣声出现。""胜利的吼声、恐惧的尖叫声、儿童可怜的哭泣声。第二天所有自由的居民都变成奴隶。"入侵者抢夺城镇，侵入神殿，把朱诺的雕像运到罗马。在公元前 354 年至公元前 351 年，罗马人攻入塔奎尼。他们烧毁农田，把城中居民沦为奴隶或者处死，接着又破坏灌溉系统，烧毁工厂。居尔特人攻打北方，希腊人攻打南方。到了公元前 300 年的时候，短暂恢复的士气又消失殆尽。伊特鲁斯坎人坟墓的墙上，死人不再微笑，舞者让位给恶魔。公元前 264 年，最后一个伊特鲁里亚城市佛希尼（Volsinii）被攻打下来以后，整个城市被毁，所有的房舍围墙都夷为平地，地点现在已经不详。罗马现在好整以暇，可以对付另一个宿敌迦太基。到了公元前1世纪时，伊特鲁斯坎语已经灭亡，也许再也无法恢复了。

拉丁势力进入以后，开始进行大规模的镇压活动。罗马人洗劫坟墓中的古物。劳伦斯（D.H.Lawrence）在20世纪20年代造访伊特鲁里亚，他以作家的观察，描述当时可能发生的情况："即使当时坟墓中所有的金银财宝已经被偷走了……瓶饰及青铜制品一定仍放在原处。然后财大气粗的罗马人开始拿瓶饰，绘有图案的'希腊'瓶饰。所以这些东西就从坟墓中被偷走。再来是小型青铜塑像、小雕像、动物、青铜船舰。伊特鲁斯坎人在坟墓中放了数千件这样的东西，最终在罗马收藏家之中风靡一时。"并非所有的人都这么大肆搜刮。在公元前1世纪，罗马皇帝克劳狄乌斯（Claudius）——他的第一任妻子有部分的伊特鲁斯坎人血统——写了二十六册有关伊特鲁斯坎人的历史；不过这些书已经佚失，可能是某些意外的原因或是受到压制之故。罗马人把自己的存在归于伊特鲁斯坎人，然后又把他们遗忘掉，或许是出于一般的贪念，又或许是不愿承认，以至使自己蒙羞。在其他的讲法中，罗马人一开始就是罗马人，或者是源自希腊人。伊特鲁里亚只是变成罗马史的附录而已。

罗马人擅长作战与管理，因此他们需要书写。伊特鲁斯坎人所留下的字母足敷他们使用，只需要进行一点修改即可。其中一项修改是把"g"、"c"、"k"的声音形式重新安排。这些声音及字母形式各自有特别的历史，不过最主要的结果就是使用伊特鲁斯坎语的"C"来造出"G"。其他的希腊字母——"th"（θ）、"ks"（ξ）、"kh"（χ）、 "ps"（Ψ）以及长音的"o"——在拉丁语中并未出现。罗马人不用希腊字母的"ph"（ϕ），不过经过罗马的学者皇帝克劳狄乌斯的建议后又重新使用，声音就是我们现在用的"F"。这是根据当地一个早期的希腊字母"digamma"（第六个字母）而形成的，不过"digamma"本身也造成混淆，因为它在废除之前的发音是"w"。最后罗马人不用"Y"和"Z"，然后又把它们加回去，放在整组字母的最后面。最后的结果就和我们现在使用的字母一样，差别只在罗马字母没有"J"、"U"、"W"。

这些就是罗马人自创的二十三个字母，也是我们的字母。成功的关键是政治力量，这一点反映在罗马铭刻的字母设计。由于欣赏所有与希腊相关的事物，自然他们会以希腊人——他们发展的字母形状似乎散发出力量与权威——马首是瞻。这种印象来自两种不相容的特质的调和：简约与繁复。简约的特质在于平均纤细的线条，以及一致的方正形状；繁复的特质——一种统治者致力于艺术效果的抽象的呈现——就在于一个笔画结束时，会加入一点点夸张的花饰（后来被称为截线。[1]罗马领导者与雕刻家更进一步运用这种概念，以粗细不同的笔画来装饰正方体的刻字与时髦的截线。在强烈明亮的阳光下，可以看到刻字镶嵌于岩石之中——正是这种印象。正如斯坦利·莫里森（Stanley Morison，字体史学家，同时也是现代字体设计的大师）写道，设计者与雕刻家（他们做出罗马最杰出的铭刻）很清楚该怎么完成他们的工作："让归降地区的居民感到震撼。"不管铭刻内容是什么，也不管铭刻立于哪里，飘在罗马旗帜上的字母象征这些铭刻隐含的讯息："SPQR"（Senatus Populusque Romanus）——"罗马元老院与人民"。简言之，罗马统治。

---

[1] 字母"I"上下的细横线即截线。——译注

就某种意义而言,罗马仍在统治之中,因为这些不朽的字母形状(经过意大利文艺复兴又再度神圣化)让莫里森赞叹不已,所以他以罗马字母为基础,于20世纪30年代替伦敦《泰晤士报》(*Times*)设计一种字体——"Times New Roman",这种字体可能是世界上最普及的字体,直接回归奥古斯都(Augustus)与图拉真(Trajan)[1]的铭刻。莫里森说道,奥古斯都与图拉真的工匠"达到技艺的巅峰,在整个西方世界获得认可,他们呈现的拉丁字母是无法超越的"。

在知识的长河中,有无数的逆流与支流。早从罗马帝国历史的初期,西方字母的历史与其他专门的问题(像是文字与识字等问题)就纠结不清。罗马字母甩开其他形式,尤其是在第一个提倡信奉基督教的皇帝君士坦丁(Constantine)大帝之后,罗马字母使罗马进入基督教信仰的年代。字母开始有大小写之分,十余种书写风格先后出现,不过字母的概念与基本形式并不需要什么改变,只需要少许修正即可。只有稍后在中古时期,字母才会有进一步修正,当时"V"这个字母产生了"U",稍后又发展出"W"。现在在英语中仍可见其根源,即"doubleU",法语则为"doubleV"。最后,历经14世纪至17世纪的缓慢发展,"I"分为两个字母,较长的变形字母成为现代的"J"。

实际上,在罗马帝国成立之后不久,拉丁字母就已经确立,此后这种基本工具传播到整个欧洲。只有在罗马帝国的东边国界之外,该地的蛮族血统殊异,因此一直没有产生书写的文字。

---

[1] 这两位都是罗马皇帝。——编注

第十章

发展的限制

本书探讨一个重要的历史时刻，此时字母初萌，开始在不同文化间传递，后来变成有史以来最有效率、最方便的书写沟通形式。如果西方字母这么神奇的话，为什么没有更广泛地使用呢？其中一个答案就是，稳定的系统倾向于保守主义，不过不是在欧洲。在这里，罗马字母可能会从大西洋传到乌拉尔山脉，然后直达太平洋。其实，罗马字母被另一种新崛起的文字阻挡。这种新文字在一千年前制造了隔阂，直到现在还将欧洲分隔开来。很不幸，这个隔阂始于巴尔干半岛，岛上的种族、宗教、国家向来都是闹哄哄的，仿佛一团小行星，彼此毫无章法地拉扯着，同时还会受到大行星的牵引——罗马、拜占庭、基督教、东正教、俄罗斯、西欧、土耳其……一提到这些错综复杂的关系，就会让人头晕。

然而，我们有办法追溯另外一种字母崛起的原因——这种字母不仅与罗马字母分庭抗礼，还限制罗马字母的发展。就像生物一样，两种字母似乎都在中间地带的文化中寻找出路。最近，因特网这种新文化的出现，其中罗马字母系统的使用已经确定了。虽然这不是必然的，但是罗马字母极有可能变成普世通用的字母。

9世纪时，罗马帝国残存的部分正处于分裂局面，西半部仍视罗马为精神支柱,东半部则以君士坦丁堡为中心。

两边的政教领袖都宣称自己继承基督教正统的衣钵。罗马是圣彼得的城市,君士坦丁堡则是君士坦丁的首都。君士坦丁把基督教引进天主教的欧洲,把原拜占庭改成自己的名字:君士坦丁之都。两边的教皇与皇帝都相信自己才是基督教真理的真正传递者,以及上帝在俗世的代理人。不过两个帝国都遇到问题。在东半部,伊斯兰国家可能直接发动攻击,异教思想与各种宗派逐渐侵蚀教义真理,蛮族侵扰两侧边境;在西半部,公元800年时,教皇替查理曼(法兰克国王)加冕成为皇帝,所以查理曼建立新的罗马帝国,不过却是一个分裂内斗的帝国,皇室后代与教皇互不相让。东半部使用希腊语,西半部使用拉丁语。双方在政治与社会上的差异,呈现在教义的争论上——神性的本质到底是什么——最后证明这是无法解决的。双方都期盼着建立统一的基督教国家,不过到了公元800年时,两个帝国决裂,就像两个漂流的大陆块。

他们在边界地区倾轧不休,留下含糊不清的界线,特别是在拜占庭北边的异教地区,以及西罗马帝国的东边,从今日的巴尔干半岛往北到俄罗斯。这个广大的区域里到处都是来自东边和北边的移民,还有许多土耳其与斯拉夫部族——阿瓦尔人(Avars)、保尔加人(Bulgars)、佩切涅格人(Pechenegs)、哈札尔人(Khazars)——此外南边还有斯堪的纳维亚人,他们从波罗的海出发,沿河路来攻打此地。罗马与拜占庭都利用这些蛮族占领的地区来保护国界。罗马传教士深入东方与北方,进入波希米亚。拜占庭传教士经过希腊,进入斯拉夫民族的土地。结果就是各个种族王国间的合纵连横,大家只想要手段增加财富与影响力——对所有的人而言,这表示适应基督教信仰的某一种形式——对于这两个超强势力的介入,他们都以无法预测的方式来做出反应。东欧几乎还没开始平静下来——匈牙利人甚至还未在地平线出现——不过两强倾轧不休所创造出来的界线，直到现在还看得到，就是现在仍然使他们分隔的文字。

在 9 世纪初期，斯拉夫主要的地区变成王国——摩拉维亚（Moravia），在今日的捷克东南部。摩拉维亚的名称得自摩拉瓦河（Morava），该河流经今日的捷克与斯洛伐克的中间地区，然后进入多瑙河。摩拉维亚的战略地位重要，可以控制日耳曼领土到黑海之间的河流航道。摩拉维亚不断供应丝、象牙、香料、熏香等物品，这些物品进入北方的修道院。从考古挖掘的坟墓得知，摩拉维亚的首领拥有大量的珠宝、陶器、刀剑。查理曼的继承者继续往东推进，但是不敢轻忽摩拉维亚；同样地，摩拉维亚也不敢大意。

下游就是保加利亚，这里长久以来属于土耳其人的势力范围，后来斯拉夫人强行进入。到了 9 世纪时，斯拉夫人控制黑海到喀尔巴阡山脉地区，南方控制的范围到达希腊边境。拜占庭想把统治势力延伸到保加利亚，但是结果惨烈，尼西弗洛斯（Nicephorus）皇帝战死，头颅被敌人镶银，做成酒杯。这时候，拜占庭开始攻击崛起的伊斯兰风潮，因此把注意力（以及传教士的活动）转回巴尔干半岛。保加利亚人之于拜占庭，就如同摩拉维亚之于查理曼的神圣罗马帝国。

在 9 世纪中期，摩拉维亚与保加利亚都产生国王，摩拉维亚国王是洛斯提斯拉夫（Rastislav），而保加利亚国王是鲍里斯（Boris）。两个人都面对永远的难题。要获得财富就需要贸易；贸易需要与大国建立关系；但是建立关系就会威胁国家的独立。两个人都谨慎恐惧，各自与自己的邻国交好。在摩拉维亚，洛斯提斯拉夫对西方的帝国主义——敌对的日耳曼与意大利分别都有传教活动——非常警惕。鲍里斯对于邻近的拜占庭，一样也是非常警惕。

公元 862 年，鲍里斯一个关键之举，将整个紧张的情况扭转过来。他对洛斯提斯拉夫逐渐强大感到忧心忡忡，因此和查理曼的孙子，巴伐利亚国王刘易斯（Louis the German）见面。当然，刘易斯有自己的管辖范围，其中不包含他名义上的最高统治者——皇帝与教皇。鲍里斯预见到危险——日耳曼人左右夹击，摩拉维亚被并吞。他的反应就是派出使节，到君士坦丁堡晋见迈克尔三世（Michael III），提出紧急请求：请派遣"一位能用我们的语言教导我们虔诚信仰的老师"。

对迈克尔而言，这个请求来得正是时候。两年后，俄国发动攻击。其实，俄国人本来是北欧人，他们来到基辅，被称为"罗斯人"（Rus）。虽然他们已经开始沿着"河路"与刚成立的伊斯兰帝国做生意，对拜占庭人而言，这支有两百艘船的舰队像是凭空冒出来的。迈克尔在黑海北方突然冒出了新的敌人，和拜占庭的殖民地克里米亚（Crimea）很近，情况危急。现在保加利亚人和一个日耳曼国王正在商谈之中，当然会成为罗马的前锋。迈克尔需要一个位于博斯普鲁斯北方的盟国。洛斯提斯拉夫的使节无异是神赏赐的恩典。

迈克尔对于摩拉维亚的请求只有一点点意见。只有三种语言适合用于圣礼的施行：拉丁语、希腊语、希伯来语——耶稣基督受十字架钉刑时，彼拉多（Pilate）下令把这些语言书写的贴示放在耶稣基督的上方。不过现在不是挑剔细节的时候。为了他自己以及洛斯提斯拉夫的利益着想，迈克尔派了一个布教团，以斯拉夫语布道。

布教团由一对兄弟带领，哥哥美多迪乌斯，年四十七岁；弟弟君士坦丁，比他小十二岁。他们特别有资格担任这项工作，君士坦丁绰号叫"哲学家"，是当时最伟大的学者之一，而美多迪乌斯曾经在斯拉夫省区担任总督。两个人都曾经去过讲突厥语的哈札尔宣教（不过到的时候已经太迟了，因为哈札尔地区已经信奉犹太教）。两个人都是在塞萨洛尼基（Thessalonica）长大的，这是拜占庭和马其顿南部（讲斯拉夫语的地区）之间的边境小镇。在这小镇的街上，人们讲斯拉夫语和希腊语,而这对兄弟也可以操这两种语言。

离开拜占庭之前,君士坦丁克服了以斯拉夫语宣扬基督教的问题。为了达到目的,他创造了一种新字母,后来被称为格拉哥里字母(Glagolitic),这是从斯拉夫语的"词"和"讲"的字根造出来的。这个名称的灵感,很可能是来自斯拉夫语礼拜仪式常用的"他说"(glagola),或是来自君士坦丁译成斯拉夫语的前几句经文——《约翰福音》一开始的句子:"太初有道。"如果格拉哥里字母是君士坦丁独立完成的,那么这真是了不起的智性成就,因为这种字母显然非常适合古斯拉夫语,不过很多人怀疑这真是他独自创造出来的。他的哥哥可能参与,而陪着他们一起到摩拉维亚的众多修道士(会讲斯拉夫语)同样可能参与。不管怎样,灵感可能是来自希腊语的一种书写形式,而君士坦丁(他独立完成,或是领导一个委员会来完成)巧妙地把这些书写形式修改成四十个新字母。虽然在大部分讲斯拉夫语的地区,格拉哥里字母很快就被取代,但是直到19世纪初期,在克罗地亚地区,它仍然是一个对抗罗马势力的坚强堡垒。

这些新字母所订出来的语言就是古教会斯拉夫语(Old Church Slavonic)。所有讲斯拉夫语的人都懂这种语言,不论他们是住在今日的塞尔维亚、克罗地亚、保加利亚还是俄罗斯。在君士坦丁的翻译中,福音书就是以这种语言译出的——西方第一本以方言翻译的圣经。现在,在俄罗斯正教会的礼拜仪式中,你还可以听到这种语言。

布教团的宣教活动时好时坏,这情形持续了几年。教皇哈德良二世(Hadrian II)支持这对兄弟,因为他们的力量可以对抗日耳曼人(名义上隶属于他之下)的野心。公元868年,美多迪乌斯和君士坦丁到了罗马,很风光地接受斯拉夫语的圣餐礼仪,不过君士坦丁生病了。临终时,他希望自己死去时能获得修道士的身份。根据拜占庭习俗,他用相同的首字母取了一个新名字。他在一个月之后过世,再度受洗后的名字为西里尔（Cyril），享年五十二岁。美多迪乌斯被任命为教宗使节，继续在摩拉维亚做宣教工作，不过当他到达时，洛斯提斯拉夫已经被一个亲日耳曼的集团驱逐。此时，在摩拉维亚的日耳曼神职人员备受礼遇：他们已经以拉丁语进行了七十五年的宣教活动，想要让斯拉夫民族改变信仰，但这里却有个自大的希腊人，想用"斯拉夫语"来宣扬"希腊"宗教仪式！美多迪乌斯被逮捕，秘密监禁在牢里约三年的时间，其罪名便是自大。后来教皇知道这件事情，下令将他释放。当他回去时，日耳曼神职人员已经全面掌握了该地区。他在公元885年过世，之后他的布教团就被驱逐。

这就是东正教在摩拉维亚很不光彩的结局；也就是为什么现在捷克人和斯洛伐克人倾向西方，并且使用拉丁字母的原因。

这时候，我们再把时间往回调二十年左右。由于鲍里斯与刘易斯建立友好关系，迈克尔三世深受刺激，所以他派出陆军与海军去挽回保加利亚。鲍里斯请求协助，教皇不予理会。鲍里斯没有什么选择，公元864年他成为迈克尔的教子，接受洗礼，驱逐拉丁教士，然后延揽拜占庭牧师。有十五年的时间，他统辖的土耳其—斯拉夫人民拒绝接受传统敌人希腊的影响。然后，美多迪乌斯的布教团被逐出摩拉维亚，这个事件替保加利亚正教注入新生命。摩拉维亚神父带来古教会斯拉夫语和格拉哥里字母等专门知识。新的教育系统训练了三千五百个信徒，然后送到全国各地。鲍里斯的继任者是他的儿子西门，他在普雷斯拉夫建立新官邸。普雷斯拉夫很快就成为巴尔干半岛的大城之一，城中有数座修道院，还有一座十二角形的"黄金教堂"，现在的遗迹仅能容几个游客进入。

保加利亚人似乎发现格拉哥里字母不好用。格拉哥里字母是希腊语的草写形式。不过保加利亚学者对希腊大圆字母［又称安色尔字母（uncial）］并不陌生，约在公元893年他们想出了另一种修正的字母。他们以斯拉夫基督教之父的名字——先前称为君士坦丁，现在称为圣西里尔（St Cyril）——为这种字母命名。虽然西里尔字母是为了纪念圣西里尔，但并不像很多书中所称的那样，由他所发明。他发明的字母与这个以他的名字命名的字母，经过一番竞争，逐渐销声匿迹。

因此保加利亚成为第一个斯拉夫国教会，一个东正教与西里尔字母的堡垒。新字母让保加利亚能够发展自己的文学，并且使得他们错误地估计形势，一心想取得独立地位，最后整个事件在1014年以悲剧收场——拜占庭帝国皇帝"保加利亚屠夫"巴西尔（Basil），把一万四千名保加利亚俘虏的眼睛全部挖出来。此时北方六百英里处有一个野蛮文化开始崛起，他们已经从保加利亚的宗教与文字中获得启示。

事实上，基辅俄罗斯国王圣伏拉迪米尔（St Vladimir）根本不是圣徒。圣伏拉迪米尔有部分北欧血统，部分斯拉夫血统（他的名字的另一个拼法就是Volodimir），对于古斯拉夫神祇非常热中。他谋害兄长，才得以登上王位。据说他有四个妻子、八百个妾，数目可观，也许他果真如民间传说所言，每到一个村庄城镇，就要发泄旺盛的性欲。他在公元980年即位，随后在基辅立起他崇奉的异教神祇，公开献祭一千人以为庆祝。

圣伏拉迪米尔自己能看出来，这样的举措最后对他来讲并没有多大好处。基辅当时是河流的"水路"中心，主要由第聂伯河联系斯堪的纳维亚与拜占庭。各种宗教信仰的人在此地聚集：基督徒、回教徒，甚至还包括部分犹太人。东方有异教的游牧民族，南方以及西方是富庶城市的基督教诸王。对于一个有雄心的领导者而言，一神信仰意味着文明、稳定、财富，异教信仰则不受知识分子和外国富商青睐，会导致战争，随之的风险就是战败与贫困。

大约在公元1100年出版的《俄罗斯编年史长编》[The Russian Primary Chronicle，编撰者是一位基辅修道士内斯特（Nestor）]中，其中有个著名的故事。在公元987年，圣伏拉迪米尔认为他需要一个新宗教。不过是哪一种？他派出一组研究人员。研究人员回来后，他逐一考虑这些选择。犹太人散居各地，没什么力量，所以犹太教出局；伊斯兰教不予采用，因为他知道这种宗教禁止饮酒，他说对俄罗斯人而言，没有烈酒几乎不可能有快乐；天主教徒信奉教皇，而圣伏拉迪米尔不需要另一个有力的领导者的挑战。他的使者抱怨，在日耳曼，"我们看不到美"。

但是在君士坦丁堡看得到美。他的代表描述，圣索菲亚教堂为他们举办仪式。那种让人瞠目结舌的戏剧呈现——豪华的服装、庄严的神父、熏香袅绕的空气、触动灵魂的音乐——让他们非常吃惊。他们常常被引用圣伏拉迪米尔讲的话："我们不知道置身天堂或人间，因为在人间没有这样的景象与美感，我们不知道如何描述；我们只知道在那里上帝与人民同在。"

这是精彩的故事，而没讲出来的部分也一样精彩。大约在公元957年，圣伏拉迪米尔的祖母欧加（Olga）在君士坦丁堡受洗。身为基辅俄罗斯的摄政王，她（俄罗斯第一位圣徒）是个让人不寒而栗的女士。根据内斯特的《俄罗斯编年史长编》，她"置身异教徒中，闪耀一如污泥中的珍珠"。有她的前例，圣伏拉迪米尔一定能体会到正教的好处，不会多加深入思考其他的选择。

还有其他复杂的因素。圣伏拉迪米尔并非只是单纯地改变信仰，然后引入一个可能威胁到他的自主地位的外来文化，这个决定部分包含了军事、政治、文化的考虑。他的父亲斯瓦雅托斯拉夫（Svyatoslav）曾经在君士坦丁堡被俘，后来他承诺，如果将来君士坦丁堡需要协助，他会派兵支持，这才获得自由。巴西尔二世——又号"保加利亚屠夫"——要镇压叛乱时，圣伏拉迪米尔按照协议派了六千士兵。协议内容是，圣伏拉迪米尔信奉基督教，巴西尔二世则将他的妹妹安娜许配给圣伏拉迪米尔。

在基辅，正教神父展开工作，设法让俄罗斯人改信新的宗教。他们运用西里尔字母，让圣伏拉迪米尔的斯拉夫子民进入识字与基督教的文明世界。昔日的众神之神佩朗（Perun）——银头金色小胡子的神像，供在基辅山顶的神殿中——现在被人们拆下来，推进第聂伯河里。在11世纪50年代，俄国第一个大主教希拉里翁（Hilarion）让人想起那些日子："天使的号声与上帝的雷声响遍所有的城镇。飘往上帝的熏香使得空气变得非常洁净。修道院矗立于山顶。"圣伏拉迪米尔生性好渔色，现在变成虔诚信仰上帝的人。他成为数百人的教父，开办学校，设立法庭，建筑无数的教堂与修道院，包括以什一税所盖的基辅的最大教堂。他死于1015年，后来在适当的时机被封为圣徒。

圣伏拉迪米尔采取这些举措，改变了俄罗斯文化。俄罗斯教堂的大小圆顶是拜占庭式的，基辅及圣索菲亚教堂成为"希腊之光"，拜占庭法律成为俄罗斯法律的基础，传教士传播文字与经文，西里尔字母仍然是俄罗斯文献数据的根本（也是其他信奉东正教的斯拉夫文化的基础：白俄罗斯、塞尔维亚、保加利亚、马其顿、乌克兰）。公元1453年，残破的拜占庭落入土耳其人手中，俄罗斯正教会成为东正教的拥护者。"举世只有一个虔诚的教会，"俄罗斯正教会大主教写道："就是俄罗斯正教会。"

这两个系统分别有自己的地盘，罗马字母在西欧，西里尔字母向东发展。结果两种字母都能适应新环境，在18世纪到19世纪的帝国主义时期急剧向外扩张。

俄国注定得往东横跨西伯利亚，往南进入高加索与中亚地区，途中，俄国的士兵、行政官员、传教士、科学家带着西里尔字母同行。大体上而言，这种推进是对伊斯兰国家的长期攻势——只要来自莫斯科的控制一增加，这种攻势力道就增强。过了五十年，到了20世纪30年代，这种攻势到了关键时刻——斯大林掌权，他决心支配经济力量并且毁灭传统信仰与权力结构，灭绝其他种族在所不惜。单单在哈萨克一地，1926年有四百万人，到了1939年人口普查时，已减为三百万人。眼下已有战争爆发，所以斯大林要求团结，这意味着完全地服从。1939年，西里尔字母已经强加于中亚所有的语族——然而斯大林并未把西里尔字母强加在他的人民格鲁吉亚人身上，所以他们的字母（mxedruli）仍然继续兴盛。对其他人而言，尤其是回教徒，这是一种文化隔绝。苏维埃中亚的回教徒与自己的历史、文学、广大的回教世界分离了。一瞬间，他们变成不识字的民族，在政治上完全无能为力。根据乔治·奥威尔（George Orwell）在《一九八四》中的讲法，他们变成不存在的居民。在斯大林的后继者统治的期间，这种政策稍见缓和，不过整个中亚继续使用西里尔字母——现在用来书写约五十种语言。在战后苏维埃帝国中的东欧地区，历史悠久的文化并未被强迫改换字母，而边界地区则更具弹性——罗马尼亚人在19世纪时，为了对自己的罗马祖先表示敬意，舍弃西里尔字母，改用罗马字母，从此再也没有改变。

再往东到达蒙古，此地使用的语言距离成吉思汗最初下令开始采用的时间已达六百年。如果成吉思汗复生，对这些半游牧民族的风俗绝对毫不陌生，但是蒙古却是个独特的政治产物。1924年，蒙古人民共和国在苏维埃的庇护下成立，是第二个社会主义国家（先脱离中国，然后变成共产主义国家）。虽然蒙古是个马克思主义国家，但是由于缺乏工业文明，所以它缺乏作为工人阶级的无产阶级，对于无产阶级国家而言，这是颇为矛盾的。连这里使用的优雅直立式文字也是如此，不仅是封建背景的象征，而且还是个活化石。当我们现在阅读这种文字的时候（因为现在内蒙仍在使用），就好像是以现代英语的发音来阅读乔叟的作品。到了1940年，改变的压力如潮水般涌现。恰恰在苏联军队与蒙古人并肩阻挡日本人，不让他们的势力扩张进入蒙古以及苏维埃远东地区的时候，改换文字成了其能够表示挣脱日本的霸权，并且脱离中国宣示其加入联合国的入会资格的大好时机。1941年，苏联政府选定西里尔字母，第二年开始采用。人们被迫使用这种字母，但是实用性也出现了，因为修订过的字母远比旧的文字更适合蒙古语。到了1990年，四十岁以下的人已经很少有人能够阅读旧有的直立式文字。1990年至1992年，蒙古改变政治制度一度考虑恢复使用直立式文字，不过已时不我予，蒙古人再也没有兴趣或财力以恢复历史上使用过的文字。尽管人们对于苏联的事物有一种精神分裂似的态度，这种俄国文字——其实是一千年前希腊修道士替讲斯拉夫语的人设计的——仍然在蒙古留存下来。

罗马字母来应付过匈牙利语、芬兰语、巴斯克语之后，证实在欧洲之外也一样便于使用。最主要是因为传教活动的缘故，现在约有五百种非洲语言是以罗马字母来记录。稳定保守的文化可以轻易保存它们的文字。在印度，两个世纪的英国统治带来了一种新的语言与新的文字，与旧的语言并存。法国学者让越南人使用罗马字母，大半是因为这样可以帮助越南人脱离作为中国属国的地位[1]（柬埔寨由于拥有古老悠久的高棉文字，所以成功地避免这样的干预）。西班牙把罗马字母带到菲律宾；荷兰把字母带到印度尼西亚；西班牙和葡萄牙则把字母带到南美洲（使得玛雅象形文字自此湮没，直到最近几十年才再度出现）。

直到今日，把其他语言罗马化的运动仍在持续中。在达拉斯，语言学夏季协会（Summer Institute of Linguistics）的神职语言学家（又可称为卫斯理[2]圣经译者：名称依不同情境而定）仍然把无记录的语言改成书写形式。他们的目的是把圣经译成所有现存的语言。这个奇特的目标在人类学方面曾经引致极受争议的结果，不过在语言学方面却有一些优秀的作品产生（不用其他文字，只用罗马拼字法）。曾经与我一起进行研究工作，位于东厄瓜多尔的瓦欧雷尼族（人口数超过六百人），以美国传教士带来的字母阅读他们自己的语言（也许只有部分人读）；当这个语言消失后（必然的），瓦欧雷尼族的后裔则以这个文化（讲西班牙语的文化）的语言和字母来阅读。一直到了公元20世纪60年代，瓦欧雷尼族才知道他们的语言属于西班牙语系。

关于文字的使用，目前有一个快速发展的文化仍在寻求自己的答案：因特网。不管你喜不喜欢，计算机与因特网是西方的发明。这种

---

1 清朝越南当了两百多年的属国。——编注
2 约翰·卫斯理（1703–1791）美以美教派创始人。——编注

科技是西方的，术语是西方的，所以键盘上大多使用的字母——两千四百年前的罗马人一定还觉得很熟悉。阿拉伯语国家及使用西里尔字母的国家长久以来就有学习欧洲语言的传统，尤其是英语，所以几乎每个受过高等教育的人都懂拉丁字母（即罗马字母）。自从因特网出现以后，几年来，这种科技只重视能以 ABC 沟通的人。"ASCII"是"美国"信息交换的标准码。在 20 世纪 90 年代中期，任谁来猜测，也可能会说罗马字母快要统治网际空间了。

不过情况再也不是这样了。任何文字——如阿拉伯语——都可以用双语键盘来保护，只要在当地字体和罗马字体间进行转换就行。标准操作系统可以用图文件的方式把阿拉伯语的文件输入（如果你愿意等待下载的时间）。有一种新的标准码几乎一定会成为全球通用的码，那就是统一码。含中文在内，统一码计有一百四十三种文字（仍在持续增加中），不受程序和语言的限制。对于个人计算机的使用者而言，语言仍属一种障碍，要通过翻译才能跨过去，而键盘则须经特别设计。不过在因特网上，文字都有办法彻底转换。

尽管罗马拼音在中国的前景似乎很看好，但是仍然无法取代传统的中国文字。不论是谁在中国使用个人计算机，他一定要能读写罗马拼音（汉语拼音），才有办法使用键盘。反正电子邮件常常是以英文书写（电子邮件仍然只有少数具有识字能力的人用来与外国沟通）。以中文工作时，你使用罗马系统来打字，即罗马拼音。由于罗马拼音并未标示中文四声，操作系统会显示一组字，你可以根据上下文选择一个最合适的来用。这是一种笨重的系统，也许到了下一代计算机出现时才会被取代，届时语音辨识系统可能可以完全取代打字。

在此有一些力量产生影响。拼音在中国并不常被使用，甚至可能使潜在的使用者更加疏远。而另一方面，若要与西方接触，或是获得新科技,则拼音非常重要。对于中央政府而言,拼音是一种简便的方式,能把普通话普及于各种民族。的确,对西方人而言,拼音是与中国人沟通的好方式。

　　具有讽刺意味的是,最传统古老的书写系统似乎只能和新兴的对手(罗马字母)合作,才有办法继续维持下去。

附录一

字母族谱

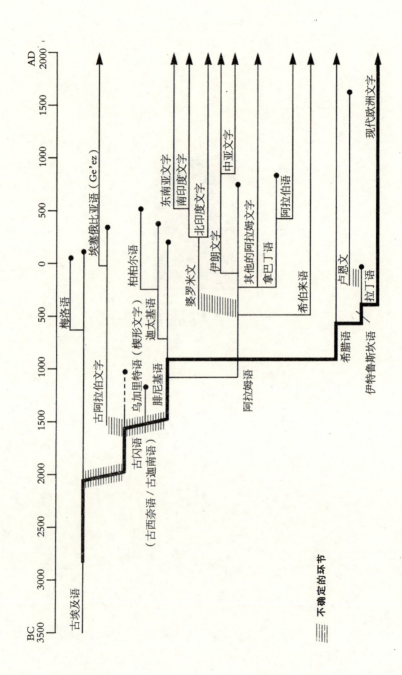

222　　改变西方世界的26个字母

附录二

几种主要字母及学界常用的对译

象形文字字母

发音	传统对译	符号	表现的实体
a 声门闭锁音（如伦敦土话"bottle"）	ɜ		埃及秃鹰
y（如 yoke 中的 y）	j		芦苇
y	jj, y	(or ″)	两枝芦苇
a 喉音（如阿拉伯语中的 ayin）	ʿ		前臂
w	w	(or 9)	鹌鹑
b	b		脚
p	p		凳子（？）
f	f		角毒蛇
m	m	(or 或)	猫头鹰
n	n	(or)	水
r	r		嘴
h（如 he 中的 h）	h		芦苇遮蔽处
重音 h	ḥ		缠绕的灯芯
ch（如德语 Buch 中的 ch）	ḫ		胎盘（？）
ch（如德语 ich 中的 ch）	ẖ		动物的胃
z	z		门栓
s	s		折叠的布
sh（如 she 中的 sh）	š		水塘
q（如 queen 中的 q）	q (or ḳ)		山坡
k	k		篮子
发硬音的 g	g		瓶架
t	t		一条面包
ch（如 choke 中的 ch）	ṯ		拴绳
d	d		手
j（如 joke 中的 j）	ḏ		蛇

摘自《重要代号》（*Cracking Codes*），作者理查德·帕金森（Richard Parkinson）。

古西奈语和乌加里特字母

符号（及其变体）	对译		乌加里特字母	对译
	ʒ 声门闭锁音			ʼa
	b			b
	g（?）			ḡ
	d			ḫ
	h			d
	w			h
	ḏ			w
	ḥ			z
	Y			ḥ
	k			ṭ
	l			y
	m			k
	n			ś
	ʻ 喉音			l
	p			m
	ṣ			ḏ
	q			n
	r			ẓ
	š			s
	t			ʻ
	发音不详的符号			p
				ṣ
				q
				r
				ṯ
				ġ
				t
				ʼi
				ʼu
				ś

摘自《字母起源与字母在第二千禧年的发展》，作者本杰明·萨斯。

腓尼基和希伯来字母

字母名称	腓尼基发音	腓尼基字母	现代希伯来字母
ʼĀleph	ʼA		
Bêth	B		
Gimel	G		
Dāleth	D		
Hē	H		
Wāw	V		
Zayin	Z		
Ḥēth	CH		
Tēth	T		
Yōdh	Y		
Kaph	K		
Lāmadh	L		
Mêm	M		
Nūn	N		
Sāmekh	S		
ʻAyin	A		
Pê	P		
Sādcê	TS		
Qōph	Q		
Rêš	R		
Šîn	SH		
Tāw	T		

改变西方世界的 26 个字母

希腊字母

名称	800 – 600 BC	大写	小写	对译
alpha	ΑΑΑ	Α	α	a
bēta	ΒΒΒ	Β	β	b
gamma	ΓΓC	Γ	γ	g
delta	▷ΔD	Δ	δ	d
e psilon	ΕΕΕ	Ε	ε	e
digamma	ϜϜϹ			
zēta	Ι⊥Ι	Ζ	ζ	z
ēta	ΒΗΒ	Η	η	e, ē
thēta	⊕⊗⊙	Θ	θ	th
iōta	⟨ ∫ Ι	Ι	ι	i
kappa	ΚΚΚ	Κ	κ	k
lambda	ᒪΓΛ	Λ	λ	l
mu	⩘⩗Μ	Μ	μ	m
nu	⩗⩗Ν	Ν	ν	n
ksi	╪Ξ☰	Ξ	ξ	x
o mikron	Ο	Ο	ο	o
pi	ΓΠ	Π	π	p
san	Μ			
qoppa	ϘϘ			
rhō	ΡϷΡ	Ρ	ρ	r
sigma	ϟϟϟ	Σ	σ. sʼ	s
tau	Τ	Τ	τ	t
u psilon	ϒΥV	Υ	υ	y
phi	ΦⵔΦ	Φ	φ	ph
chi	Χ+	Χ	x	ch, k
psi	ΥV	Ψ	ψ	ps
ō mega	ΩΩΩ	Ω	ω	o, ō

附录二：几种主要字母及学界常用的对译

伊特鲁斯坎字母

	伊特鲁斯坎字母	早期拉丁字母
a	A	A
b	B	
c/g	↑	C
d	D	D
e	∃	E
v	ꟻ	
z [ts]	I	
h	日	日
th	⊗	
i	I	I
k	K	K
l	ꞁ	L
m	M	M
n	Ꞑ	N
š	⊞	
o	O	O
p	ꞁ	ꞁ
ś	M	
q	Q	Q
r	ꟼ	P
s	ꜱ	ꜱ
t	T	T
u	Y	YV
ṡ, x	X	X
ph	Φ	
ch	Ψ	
f		ꟻ

改变西方世界的 26 个字母

斯拉夫字母

西里尔字母	格拉哥里字母	现代俄语字母	对译
а	ⴀ	А	a
б	ⴁ	Б	b
в	ⴂ	В	v
г	ⴃ	Г	g
д	ⴄ	Д	d
є	ⴅ	Е	e
		(Ё)	$\widehat{io}$
ж	ⴆ	Ж	zh
ѕ	ⴇ		ż
z	ⴈ	З	z
и	ⴉ	И	i
ï/I	ⴊ/ⴊ	Й	ī
ħ	ⴋ		ģ
к	ⴌ	К	k
л	ⴍ	Л	l
м	ⴎ	М	m
н	ⴏ	Н	n
о	ⴐ	О	o
п	ⴑ	П	p
р	ⴒ	Р	r
с	ⴓ	С	s
т	ⴔ	Т	t
оу/ȣ	ⴕ	У	u/ū
ф	ⴖ	Ф	f

续表

西里尔字母	格拉哥里字母	现代俄语字母	对译
X	ⱈ	X	kh
ω/ѿ	ⱁ		ō
ч	ⱌ	Ц	t͡s
ү	ⱍ	Ч	ch
ш	ⱎ	Ш	sh
щ	ⱋ		sht
·		Щ	shch
ъ	ⱏ/ⱏ	Ъ	〔重音〕
ы/ꙑ	ⱏⰉ/ⱏⰉ	Ы	y
ь	ⱐ	Ь	〔轻音〕
		Э	ė
ѣ	ⱑ		ě
ю	ⱓ	Ю	i͡u
ꙗ		Я	i͡a
ѥ			i͡e
ѧ	ⱔ		ę
ѩ	ⱗ		i͡ę
ѫ	ⱘ		ǫ
ѭ	ⱙ		i͡ǫ
ѯ			k͡s
ѱ			p͡s
Ω	ⱚ		f
ѵ	ⱛ		v̇

朝鲜字母

谚文	耶鲁对译	谚文	耶鲁对译
ㄱ	k	오	o
ㄲ	kk	요	yo
ㄴ	n	와	wa
ㄷ	t	왜	way
ㄸ	tt	외	oy
ㄹ	l	우	wu
ㅁ	m	워	we
ㅂ	p	웨	wey
ㅃ	pp	위	wi
ㅅ	s	유	yu
ㅆ	ss	으	u
ㅇ	-ng	의	uy
아	a	이	i
애	ay	ㅈ	c
야	ya	ㅉ	cc
얘	yay	ㅊ	ch
어	e	ㅋ	kh
에	ey	ㅌ	th
여	ye	ㅍ	ph
예	yey	ㅎ	h

参考文献

总论

Daniels, P.T., and Bright, W. (eds.), *The World's Writing Systems*, New York and Oxford, 1996.

DeFrancis, John, *Visible Speech: The Diverse Oneness of Writing Systems*, Honolulu, 1989.

Diringer, David, *The Alphabet: A Key to the History of Mankind* (2 vols.), London, 1968.

Cambridge Ancient History, Vol II, Middle East and Aegean: part 1 (1800-1380) and part 2 (1380-1000).

Gelb, I.J., *A Study of Writing*, Chicago, 1952, 1963.

Goody, Jack, *The Interface Between the Written and the Oral*, Cambridge, 1987.

Havelock, Eric, *The Muse Learns to Write*, New Haven, London, 1986.

Healey, John, *The Early Alphabet*, London, 1990.

Jean, Georges, *Writing: The Story of Alphabets and Scripts*, London, 1992.

Lord, Albert B., *The Singer of Tales*, Harvard, Oxford, 1960.

Pope, Maurice, *The Story of Decipherment*, London, 1999.

Shlain, Leonard, *The Alphabet Versus the Goddess*, New York, 1998/London, 1999.

古代地中海东部

George, Andrew, *The Epic of Gilgamesh: A New Translation*, London, 1999.

Godart, Louis, *The Phaistos Disc: The Enigma of an Aegean Script*, Iraklion, 1995.

Gordon, Cyrus, *Forgotten Scripts: The Story of their Decipherment*, London, 1971.

James, Peter, *Centuries of Darkness*, London, 1991.

Parkinson, Richard, *The Tale of Sinuhe and Other Ancient Egyptian Poems, 1940-1640 BC*, Oxford, 1998; *Cracking Codes: The Rosetta Stone and Decipherment*, London, 1999.

Walker, C.B.F., *Cuneiform*, London, 1987, 1988.

埃及、西奈和迦南

Albright, William Foxwell, 'The Role of the Canaanites in the History of Civilization' in *The Bible and the Ancient Near East: Essays in honour of William Foxwell Albright*, London, 1961.

Armstrong, Karen, *The History of God*, London, 1993.

Bernstein, Burton, *Sinai, The Great and Terrible Wilderness*, London, 1979.

Briquel-Chatonnet, Françoise, 'Les Inscriptions Protosinaïtiques' in Dominique Valbelle and Charles Bonnet (eds.), *Le Sinaï Durant L'Antiquite' et Le Moyen Âge*, Paris, 1998.

Darnell, John Coleman, F.W.Dobbs-Allsopp, Marilyn J.Lundberg, P. Kyle McCarter, Bruce Zuckerman, *Two Early Alphabetical Inscriptions from the Wadi El-Hol: New Evidence for the Origin of the Alphabet from the Western Desert of Egypt*, American Schools of Oriental Research, Boston MA, 2005.

Drower, Margaret S. *Flinders Petrie: A Life in Archaeology*, Wisconsin, London, 1985/1995.

Frerichs, Ernest S. and Leonard Lesko (eds.), *Exodus: The Egyptian Evidence*, Winona Lake, 1997.

Gardiner, Alan, 'The Egyptian Origin of the Semitic Alphabet' in *The Journal of Egyptian Archaeology, III*, London, 1916.

Gordon, Cyrus, *Before the Bible*, London, 1962.

Hamilton, Gordon J., *The Origins of the West Semitic Alphabet in Egyptian Scripts*, Catholic Biblical Quarterly Monograph Series 40, Washington DC, 2006.

Naveh, Joseph, *Early History of the Alphabet*, Brill, 1982.

Niditch, Susan, *Oral World and Written Word: Orality and Literacy in Ancient Israel*, Kentucky, 1996/London, 1997.

Petrie, W. M. Flinders, *Researches in Sinai*, London, 1906.

Sass, Benjamin, *The Genesis of the Alphabet and Its Development in the 2nd Millennium, Wiesbaden, 1988; Studia Alphabetica: On the Origin and early History of the Northwest Semitic, South Semitic and Greek Alphabets*, Göttingen, 1991. *The Alphabet at the Turn of the Millennium: The West Semitic Alphabet ca.1150-850 BCE; The Antiquity of the Arabian, Greek and Phrygian Alphabets*, Tel Aviv, Journal of the Institute of Archaeology of Tel Aviv University Occasional Publications 4.Tel Aviv: Emery and Claire Yass Publications in Archaeology, 2005.

腓尼基

Craigie, Peter, *Ugaritic and the Old Testament*, Grand Rapids, 1983.

Markoe, Glenn E., *Phoenicians*, London, 2000.

Pritchard, James, *The Ancient Near East: An Anthology of Texts and Pictures*, Princeton, Oxford, 1958.

Watson, Wilfred and Nicolas Wyatt (eds), *Handbook of Ugaritic Studies*, Brill, 1999.

Wyatt, Nicolas (ed.), *Religious Texts from Ugarit,* Sheffield, 1998.

希腊

American School of Classical Studies at Athens, *Graffiti in the Athenian Agora,* New Jersey, 1974.

Bernal, Martin, *Cadmean Letters*, Winona Lake, 1990.

Calasso, Roberto, *The Marriage of Cadmus and Harmony*, Milan, 1998/New York, London, 1993.

Havelock, Eric, *The Literate Revolution in Greece and Its Cultural Consequences*, New Jersey, 1982; *Preface to Plato,* Oxford, 1963.

MacLeod, Roy (ed.) , *The Library of Alexandria*, London, New York, 2000.

Morris, Ian and Barry Powell, *A New Companion to Homer*, Brill, 1997.

Powell, Barry, *Homer and the Origin of the Greek Alphabet*, Cambridge, 1991.

Ridgway, David, *The First Western Greeks*, Cambridge, 1992.

Taplin, Oliver, *Greek Fire*, London, 1989.

West, M.L., *The East Face of Helicon: West Asiatic Elements in Greek Poetry and Myth*, Oxford, 1997.

Williamson, Margaret, *Sappho's Immortal Daughters*, Cambridge, Mass., 1995.

Woodard, Roger, *Greek Writing from Knossos to Homer*, New York, Oxford, 1997.

伊特鲁斯坎 / 罗马

Banti, Luisa, *Etruscan Cities and Their Culture*, London, 1973.

Barker, Graeme and Tom Rasmussen, *The Etruscans*, Oxford and Malden, Mass., 1998.

Grant, Michael, *The Etruscans*, London, 1980.

Keller, Werner, *The Etruscans*, New York, 1974.

Welford, James, *The Search for the Etruscans*, London, 1973.

语言学

Blackmore, Susan, *The Meme Machine*, Oxford, 1999.

Collins, Beverley, and Inger Mees, *The Real Professor Higgins: The Life and Career of Daniel Jones*, Berlin, 1999.

Kim-Renaud, Young-Key (ed.) , *The Korean Alphabet*, Honolulu, 1997; King Sejong the Great, Washington, 1997.

西里尔

Dvornik, Francis, *Byzantine Missions Among the Slavs*, Boston, Mass., 1970.

Obolensky, Dimitri, *Byzantium and the Slavs*, New York, 1994.

新知文库

01 《证据：历史上最具争议的法医学案例》[美]科林·埃文斯 著　毕小青 译
02 《香料传奇：一部由诱惑衍生的历史》[澳]杰克·特纳 著　周子平 译
03 《查理曼大帝的桌布：一部开胃的宴会史》[英]尼科拉·弗莱彻 著　李响 译
04 《改变西方世界的26个字母》[英]约翰·曼 著　江正文 译
05 《破解古埃及：一场激烈的智力竞争》[英]莱斯利·亚京斯 著　黄中宪 译
06 《狗智慧：它们在想什么》[加]斯坦利·科伦 著　江天帆、马云霏 译
07 《狗故事：人类历史上狗的爪印》[加]斯坦利·科伦 著　江天帆 译
08 《血液的故事》[美]比尔·海斯 著　郎可华 译
09 《君主制的历史》[美]布伦达·拉尔夫·刘易斯 著　荣予、方力维 译
10 《人类基因的历史地图》[美]史蒂夫·奥尔森 著　霍达文 译
11 《隐疾：名人与人格障碍》[德]博尔温·班德洛 著　麦湛雄 译
12 《逼近的瘟疫》[美]劳里·加勒特 著　杨岐鸣、杨宁 译
13 《颜色的故事》[英]维多利亚·芬利 著　姚芸竹 译
14 《我不是杀人犯》[法]弗雷德里克·肖索依 著　孟晖 译
15 《说谎：揭穿商业、政治与婚姻中的骗局》[美]保罗·埃克曼 著　邓伯宸 译　徐国强 校
16 《蛛丝马迹：犯罪现场专家讲述的故事》[美]康妮·弗莱彻 著　毕小青 译
17 《战争的果实：军事冲突如何加速科技创新》[美]迈克尔·怀特 著　卢欣渝 译
18 《口述：最早发现北美洲的中国移民》[加]保罗·夏亚松 著　暴永宁 译
19 《私密的神话：梦之解析》[英]安东尼·史蒂文斯 著　薛绚 译
20 《生物武器：从国家赞助的研制计划到当代生物恐怖活动》[美]珍妮·吉耶曼 著　周子平 译
21 《疯狂实验史》[瑞士]雷托·U·施奈德 著　许阳 译
22 《智商测试：一段闪光的历史，一个失色的点子》[美]斯蒂芬·默多克 著　卢欣渝 译
23 《第三帝国的艺术博物馆：希特勒与"林茨特别任务"》[德]哈恩斯—克里斯蒂安·罗尔 著　孙书柱、刘英兰 译
24 《茶：嗜好、开拓与帝国》[英]罗伊·莫克塞姆 著　毕小青 译
25 《路西法效应：好人是如何变成恶魔的》[美]菲利普·津巴多 著　孙佩妏、陈雅馨 译
26 《阿司匹林传奇》[英]迪尔米德·杰弗里斯 著　暴永宁 译
27 《美味欺诈：食品造假与打假的历史》[英]比·威尔逊 著　周继岚 译
28 《英国人的言行潜规则》[英]凯特·福克斯 著　姚芸竹 译
29 《战争的文化》[美]马丁·范克勒韦尔德 著　李阳 译
30 《大背叛：科学中的欺诈》[美]霍勒斯·弗里兰·贾德森 著　张铁梅、徐国强 译

31	《多重宇宙：一个世界太少了？》[德] 托比阿斯·胡阿特、马克斯·劳讷 著　车云 译	
32	《现代医学的偶然发现》[美] 默顿·迈耶斯 著　周子平 译	
33	《咖啡机中的间谍：个人隐私的终结》[英] 奥哈拉、沙德博尔特 著　毕小青 译	
34	《洞穴奇案》[美] 彼得·萨伯 著　陈福勇、张世泰 译	
35	《权力的餐桌：从古希腊宴会到爱丽舍宫》[法] 让—马克·阿尔贝 著　刘可有、刘惠杰 译	
36	《致命元素：毒药的历史》[英] 约翰·埃姆斯利 著　毕小青 译	
37	《神祇、陵墓与学者：考古学传奇》[德] C.W.策拉姆 著　张芸、孟薇 译	
38	《谋杀手段：用刑侦科学破解致命罪案》[德] 马克·贝内克 著　李响 译	
39	《为什么不杀光？种族大屠杀的反思》[法] 丹尼尔·希罗、克拉克·麦考利 著　薛绚 译	
40	《伊索尔德的魔汤：春药的文化史》[德] 克劳迪娅·米勒—埃贝林、克里斯蒂安·拉奇 著　王泰智、沈惠珠 译	
41	《错引耶稣：〈圣经〉传抄、更改的内幕》[美] 巴特·埃尔曼 著　黄恩邻 译	
42	《百变小红帽：一则童话中的性、道德及演变》[美] 凯瑟琳·奥兰丝汀 著　杨淑智 译	
43	《穆斯林发现欧洲：天下大国的视野转换》[美] 伯纳德·刘易斯 著　李中文 译	
44	《烟火撩人：香烟的历史》[法] 迪迪埃·努里松 著　陈睿、李欣 译	
45	《菜单中的秘密：爱丽舍宫的飨宴》[日] 西川惠 著　尤可欣 译	
46	《气候创造历史》[瑞士] 许靖华 著　甘锡安 译	
47	《特权：哈佛与统治阶层的教育》[美] 罗斯·格雷戈里·多塞特 著　珍栎 译	
48	《死亡晚餐派对：真实医学探案故事集》[美] 乔纳森·埃德罗 著　江孟蓉 译	
49	《重返人类演化现场》[美] 奇普·沃尔特 著　蔡承志 译	
50	《破窗效应：失序世界的关键影响力》[美] 乔治·凯林、凯瑟琳·科尔斯 著　陈智文 译	
51	《违童之愿：冷战时期美国儿童医学实验秘史》[美] 艾伦·M.霍恩布鲁姆、朱迪斯·L.纽曼、格雷戈里·J.多贝尔 著　丁立松 译	
52	《活着有多久：关于死亡的科学和哲学》[加] 理查德·贝利沃、丹尼斯·金格拉斯 著　白紫阳 译	
53	《疯狂实验史Ⅱ》[瑞士] 雷托·U.施奈德 著　郭鑫、姚敏多 译	
54	《猿形毕露：从猩猩看人类的权力、暴力、爱与性》[美] 弗朗斯·德瓦尔 著　陈信宏 译	
55	《正常的另一面：美貌、信任与养育的生物学》[美] 乔丹·斯莫勒 著　郑嬿 译	
56	《奇妙的尘埃》[美] 汉娜·霍姆斯 著　陈芝仪 译	
57	《卡路里与束身衣：跨越两千年的节食史》[英] 路易丝·福克斯克罗夫特 著　王以勤 译	
58	《哈希的故事：世界上最具暴利的毒品业内幕》[英] 温斯利·克拉克森 著　珍栎 译	
59	《黑色盛宴：嗜血动物的奇异生活》[美] 比尔·舒特 著　帕特里曼·J.温 绘图　赵越 译	
60	《城市的故事》[美] 约翰·里斯 著　郝笑丛 译